JN222440

麗しき
英国生活の恵み

大塚博康
OTSUKA HIROYASU

幻冬舎MC

歴史と文化を探求するドライブ旅に登場する場所

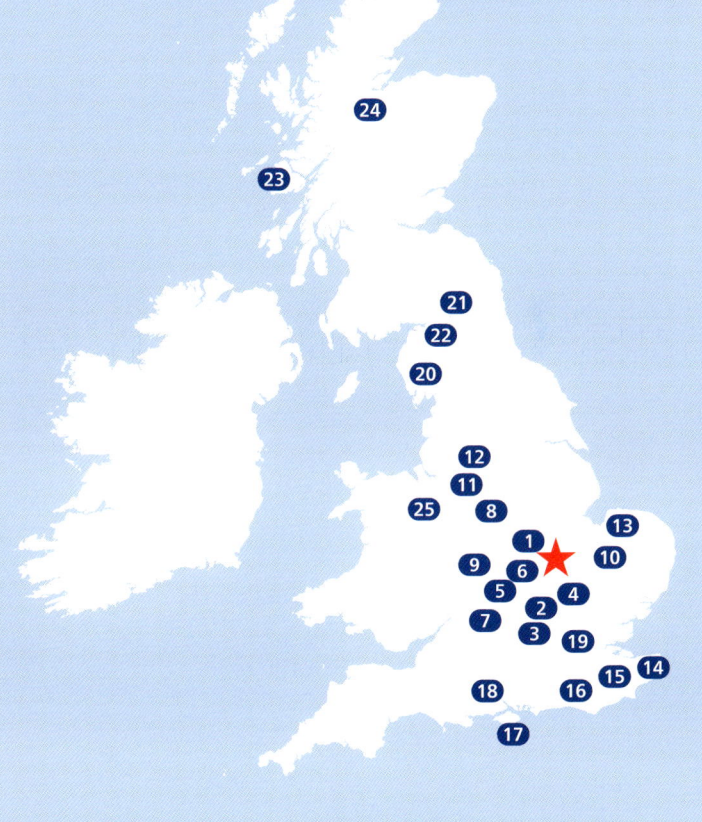

★ Milton Malsor
1 Althorp Hall
2 Claydon House
3 Waddesden Manor
4 Woburn Abbey
5 Sulgrave Manor
6 Cannons Ashby House
7 Blenheim Palace
8 Bosworth
9 Stratford-upon-Avon, RSC, Shakespeare's Birthplace, Harvard House

10 Imperial War Museum Duxford
11 Calke Abbey
12 Kedleston Hall
13 Norfolk Lavender
14 Dover Castle
15 Hastings
16 Brighton, Royal Pavilion
17 Isle of Wight, Osborne House, The Needles
18 Beaulieu Palace House, National Motor Museum

19 Hever Castle
20 Hill Top
21 Hadrian's Wall
22 Carlisle Castle
23 Isle of Mull
24 Loch Ness
25 Powis Castle and Garden

Milton Malsor 村

UK 地図

Claydon House

Milton Parochial Primary School

小学校への通学

小学校の様子

Althorp Hall

Waddesden Manor

Woburn Abbey

猿のいたずら

Sulgrave Manor

Cannons Ashby House

Cannons
Ashby House

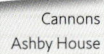

Calke Abbey

Imperial War Museum Duxford

Kedleston Hall

Stratford-upon-Avon
Anne Hathaway's Cottage

Bosworth

Blenheim Palace

Stratford-upon-Avon
Shakespeare's Birthplace

Norfolk Lavender

Powis Castle and Garden

Dover Castle

Brighton, Royal Pavilion

Osborne House

The Needles

Beaulieu Palace House

Hever Castle

Hill Top

Hadrian's Wall

Carlisle Castle

Loch Ness

Isle of Mull

Aston Martin DB7 Vantage Volante

Twickenham, England vs Ireland

Northampton Old Scouts RFC

益子氏（左）と中竹氏

コレクション

乗馬

骨董品、
シューティング・シート・スティック

麗しき英国生活の恵み

目次

第 **3** 章
英国的趣味の世界へようこそ！

第 **4** 章

英国生活体験は、
何をもたらしたか？

はじめに

　海外駐在で赴任国に数年間生活することは、短期間の業務出張や個人的な旅行で滞在することと違って、現地の人たちと本格的に日常生活でお付き合いをしながら、地域社会の一員としてさまざまな経験をすることが必然的に発生します。海外駐在員は、派遣元の企業や団体が経費負担をして給与や保険も保証してくれている待遇環境の中で働くので、仕事に専念して成果をあげることはもとより当然ですが、日本にいたのでは体験できないような出来事を通して学びや発見ができる恵まれた機会を得ているといえます。大小さまざまな体験は、その後の人生に確実に影響を与えるのです。

　赴任した当初はそのような意義など考える間もなく、新しい環境に溶け込もうとバタバタしているうちにあっという間に時間が経ってしまうものですが、生活に慣れてくると経験の蓄積に伴ってその国ならではの価値観を理解し、共鳴できるようになってきます。

　私自身もかつてはあれこれと憧れがいっぱいに詰まって、自分勝手に思い描いていた英国像を今ではより具体的な等身大の実像として認識することができるようになったと思いま

す。それは、日本との比較において気がついたこともあれば、全く新たな体験から知り得たこともあり、時を経て振り返った時にある種の感慨とともに意味を理解したこともあります。

　本書において、私は英国での生活や体験を綴るとともに、それらの経験の蓄積が私自身におよぼした影響について紹介してみようと思います。そのような思い出話めいた文章をなぜ今になって書くのか？　といぶかしく思われる方々もいらっしゃるでしょう。しかし、体験した事実をあらためて落ち着いて整理して考えてみると、知的好奇心をくすぐる普遍的なネタがあるように思えてくるのです。私と家族の英国生活の体験に基づいた本書が、読者諸氏にとって人生を楽しく生きる小さなヒントを見いだせるものになるのであればこの上ない幸せです。

第1章

英国生活の始まり

日産自動車株式会社（以下、日産）に勤務していた私は、辞令により1996年7月付けで経理財務部門から派遣され英国のNissan European Technology Centre（以下、NETC）に駐在することを命じられました。早稲田大学を卒業し1981年4月に日産に入社以来、欧州部、産業機械事業部海外販売部、米国留学、財務部と歩んだキャリアを経て、15年目を迎えた37歳にして実現した英国駐在です。もともと海外で仕事をする機会を願い、とりわけ欧州で活躍できる場を求めて入社したこともあり、辞令を受けた時は、これまでの経験を活かせる新たなチャレンジを得たことを心から喜んだものでした。

　欧州部時代に何度も欧州出張を経験し、この地の複雑で奥深い面白さを体験していました。欧州のビジネスパートナーとの交渉・折衝、交流などを行っていましたが、今度は短期間の訪問者としてではなく、現地の生活者として地に足をつけた仕事をすることが期待されているのです。念願叶い、ますます奮起しようとする力が静かに込み上げてくるようで、心地よい気分のうちに赴任準備を進めていったものです。

1. クルマと地図

　いよいよその日がやってきました。搭乗した飛行機が英国領空に入り徐々に高度を下げていくと、緑豊かな大地がだんだんはっきりと見えてきました。広いゴルフ場のような一面緑色の陸地の中に、ぽつりぽつりと家が現れ、町になり、大きな都会が現れたかと思う間もなく、搭乗機はロンドン・ヒースロー空港に静かに着陸しました。

　空港には、私と入れ替わりに帰任する前任者のO氏が出迎えに来てくれていました。「直行便とはいえ、長いフライトおつかれさま。明日から早速引き継ぎの打ち合わせを予定しているけれど、この迎えのクルマの中でも伝えられる話があるから、思いつくままに話しておくよ」と、ざっくばらんに会社の状況、仕事のポイントと新生活準備の注意事項をあれこれと本人の経験を交えて教えてくれました。

　O氏の運転するマキシマ（Nissan Maxima）は、ロンドン・ヒースロー空港から高速道路M1を北に向かって疾駆し、1時間ほどでミルトン・キーンズ（Milton Keynes）という町に会社が用意した借り上げ家屋に到着しました。ミルトン・キーンズの町は同じバッキンガムシャー（Buckinghamshire）にあるNETCの社屋から西方に約6kmの場所に位置し、会社へのアクセスが良いこと、比較的新しい建築家屋が多いことから駐在員には人気のエリアで、日産社員も多くの人がこの

町に居住していました。

「さあ、着いた。この家は、何人か新任の駐在員が住んでいる。皆、家探し中だ。新しい家が決まるまでの辛抱だな。明日、人事の担当から家探しのノウハウやヒントについて話があるだろうけれど、会社に通いやすいところを探すべきだね。クルマは、本人用1台、家族用1台がリース貸与されるよ。まず用意すべきは、英国の道路地図だ。今日は夕方18時にまた来るから、夕食を一緒に食べに出よう。明日は朝8時に迎えに来るよ。じゃあね」とO氏から温かい言葉をもらいました。

　当時、日産は英国日産製造（NMUK）でプリメーラ（Nissan Primera）を生産しており、私は通勤用として4ドアセダンを、家族が来てからは追加で5ドアハッチバックを新車リースすることになりました。リースは半年程度で更新されたので、駐在期間中に4台のプリメーラが私たち家族の仲間として活躍してくれることとなりました。

　O氏の助言に従い、ミルトン・キーンズの街中にあるショッピングモールで真っ先に購入した大判の地図本が、「Big Road Atlas Britain 1996」です。まだ車載カーナビなどは存在しない時代でしたので、英国全土をカバーする大判の道路地図は大変便利な必携品で、常時クルマのお供をしてくれま

した。ガムテープで補強した表紙や、あちこちのページにある書き込みやラインマーカーの表示を見ると、この地図をどれだけ使い込んだかわかります。家族が到着してからは、地図を読むのはもっぱら妻の役目で、走りながら次は右だの、左だのと今でいうカーナビの役割を果たしてくれたものです。

2. 町探し、家探し、学校探し

NETCに出社し、人事のオリエンテーションを受けて入社手続きを終え、着任挨拶をあちこちの部署に一通りし終えて担当する仕事の引き継ぎをした後に、リース車両が用意できるまでの間の仮利用車両として乗用車のマキシマ（Nissan Maxima）を貸与してもらい、居住する町と家探しを早速始めることになりました。

NETCは、日産の欧州における自動車開発拠点として多くの日本人駐在員と英国人社員の混成チームで協働していました。バッキンガムシャーのクランフィールド（Cranfield, Buckinghamshire）という町にあり、近くにはクランフィールド大学（Cranfield University）がキャンパスを構えています。アクセスは高速道路M1のジャンクション14を降りて東方に約4kmの距離です。周りは一面豊かな田園地帯が続いているのどかな場所です。

これからここに毎日クルマ通勤することを前提に、居住地を探すにあたり、私は次の3点を方針に定めました。すなわち、①片道1時間以内で通勤可能なこと、②子どもの教育に問題がないこと、③日常生活では日本人同士で群れるのではなく、地元の英国人と仲良く暮らせること。これに則って、早速会社が提案してくれた複数の物件を見ることから家探しを始めました。

　英国の家は、一戸建2階造りのディタッチドハウス（Detached House）、一戸建てで真ん中が左右対称に2軒続きとなっているセミディタッチドハウス（Semi-Detached House）、何軒かの家が1棟につながっているテラスハウス（Terraced House）、1階建ての平屋バンガロー（Bungalow）、3階建て以上のフラット（Flat）、と呼ばれる5つのタイプが一般的な勤労者世帯が居住する家の様式です。古いものを大事に使う伝統的な気風もあることから、茅葺屋根の古い家（Thatched House）で内装をリフォームしたものや、日本ではありえないようなとんでもない規模の先祖伝来の大きな館に居住する人もいます。これらの価値ある家屋や館の話題は後で触れることにします。

　ミルトン・キーンズ（Milton Keynes）の町は、1960年代後半に開発された英国の大規模な新興都市で、ロンドンの北

西約80kmのところにあります。きちんと区画整理された地域に広い道幅の通りが縦横に走り、ディタッチドハウスが整然と並び、緑豊かな公園や広いショッピングセンターを有する美しく便利な町です。

　いくつか候補物件を下見したものの、私にしてみればどれも同じような代わり映えのしない家の造りに見え、こぎれいで築浅なことは良いのですが、どうも面白みがないと感じたのでした。会社に近いことは便利そうですが、もう少し趣深い場所や風情のある家のほうが良いのになあと物件を見ながら感じていました。

　そんな時に、ミルトン・キーンズからさらに北へ向かって田舎道をクルマでゆっくり走っている際に目にとまったパブのある村がいい感じを醸し出していたことに気がつきました。もう一度パブのあった場所に戻ってみました。田舎の道路沿いに広い芝生の前庭があり、野外でビールを飲み料理を楽しめる木製の広いテーブルとベンチ椅子を備えた席が6つほど備えてあります。その奥に白いパブの細長い建物がこちらを向いて鎮座しています。

　駐車場にクルマを停め、パブの周りを歩きながら、村に入ってみました。茅葺屋根の家が点在しています。石造りの年代物の壁のある家が並んでいます。きれいに刈り込んだ芝生を前庭に持つ家、玄関に色とりどりの草花が植えられ、手入れがよくされた家などがあちこちに見えます。ちょっとした

マナーハウスを小さくした規模のような立派な風格のある屋敷もあります。おお、いい感じの村だなとピンときました。これがノーサンプトンシャー（Northamptonshire）のミルトン・マルソー村（Milton Malsor）との出会いでした。

　さらにハイ・ストリート（High Street）というからには村の中心だろうと思しきメインの場所あたりをぶらぶら歩いていると、「For Rent」の立て看板のある2階建てディタッチドハウスが目にとまりました。ああ、いい家だなあと、一目見てすぐに気に入りました。

　早速立て看板に記載されていた不動産屋の名前と電話番号をメモしてクルマに戻り、ひとまず会社に戻ってから不動産屋に電話を入れました。これから伺いたいがよいかと尋ねて快諾してもらい、すぐに出発しました。不動産屋はノーサンプトン市の町中にあり、丁寧に迎えてくれました。オフィスで物件の概要説明を受けてから、現地を一緒に訪問しました。家の中と外をじっくり内覧しながら、庭とガレージの様子、機械設備や水回りの状況、家具の状況、大家の状況、近所の状況などを詳しく説明してもらったうえで不動産屋オフィスに戻り、賃貸契約書にサインをしました。こうして数日のうちに住居を確定することができたことは幸いでした。

　家を見つけて一安心したところで、さらに幸運なことに、

その家の内庭の板塀をはさんで向こう側が村の小学校のグラウンドであることを知りました。なんと、小学校の隣が我々の新居となる家だったのです。当時日本の学年でいうところの小学5年生と2年生の子どもがいる我が家は、子どもたちを現地校と週末の日本人補習校の両方に通学させようと考えていたため、現地校が新居の庭先で、ぐるりと歩いて数分で到着する場所にあることは大変ありがたく感じました。

　早速、後日その学校、ミルトン・パロウキアル・プライマリー・スクール（Milton Parochial Primary School）を訪ねてみました。事前に予約なしの訪問であったにもかかわらず、7月中旬でもうじき夏休みになる時期でしたが、女性の校長先生と話をすることができました。日本人家族4人が校庭のすぐ裏隣の家に住む予定であること、米国生活の経験があるので、長女は英語をまだ比較的覚えていること、長男は完全に忘れていること、日本の公立小学校の教育プログラムで基本的に学業はできていること、二人とも明るくオープンな性格であること、などを説明して理解していただき、ESL（English as a Second Language）の補習をしばらく実施してもらえることも提案いただいて仮の入学予定許可をもらうことができました。ここまでトントン拍子で心配ネタをクリアして生活準備が進んだことで、とても愉快な気分に満たされたのです。

3. 英国生活の拠点はまさかの"村"

• ──── **ミルトン・マルソー** (Milton Malsor) **という村** ──── •

　ノーサンプトンシャーのミルトン・マルソー村（Milton Malsor, Northamptonshire）は、ロンドンから高速道路Ｍ１を北に約90km走ったジャンクション15で降り、この数年前には、コリントリー・ゴルフ・クラブで、全英オープンゴルフが開催されたこともあるコリントリー村（Collingtree）を抜けて約2kmのところにある小さな村です。

　居住地となっている地域だけを見ると東西500m、南北500mほどの広さで、周りを牧草地が囲んでいます。教会、小学校、パブ、雑貨屋兼郵便局（後に廃業）、小規模な複数のマナーハウス、茅葺屋根の家、石造りのディタッチドハウス、美しく手入れされた前庭、細い路地、牧草地がひとまとめに揃った小さな村です。村の起源は11世紀にさかのぼるとのことで、ノルマン・コンクエスト後の1080年頃に作成されたドゥームズデイ・ブック（Doomsday Book）にMIDELTON村として記載があるとのことです。

　村に入って最初に目につくのは村のミルトン教会（Milton Church）です。小ぶりな教会ですが、蜂蜜色の石壁で全体を覆い、サザエの貝殻のような突起のある三角屋根がかわいらしくそびえています。屋根の頂上には風見矢が風にあおられ

て揺れています。教会の創設は12世紀で、14世紀に外観の変更がされて以来そのままの姿を残しているとのことです。

さらにクルマを走らせて、教会の南側にあるコリントリー・ロード（Collingtree Road）からバーン・レーン（Barn Lane）を経てレクトリー・レーン（Rectory Lane）に入り、南側に広がる豊かな牧草地と北側の古い大きな屋敷を2軒ほど見ながらハイ・ストリート（High Street）を途中からミルトン・コート（Milton Court）に進めば、我が新居がある家に到着します。

ミルトン・コートは、それぞれが前庭とクルマ2台がゆったり入るビルドイン・ガレージを備えたディタッチドハウスが全部で11軒ぐるりと並んで建つエリアです。我が新居は、入り口から数えて4軒目の家で、内庭が塀をはさんで裏隣に小学校という位置に建っています。

この家のオーナーN夫妻は、近隣の町へ出るとのことで引っ越し準備を進めている最中でした。何度かお会いしてあれこれ話をする機会がありました。ご主人は、庭先に生えていた大きなイトスギの樹をちょうど切り倒して細かく枝や幹を切り分けするなどせっせと片付けを進めていました。家の中も自分で案内してくれて、2階の子ども部屋の壁にヘビーメタル好きの子どもがペイントして描いた黒バラの奇妙な絵は、壁を好きに塗り替えてくれて良いと提案してくれました。さすがにヘビーメタルのテイストは私にはいまひとつ好みで

はないので、後日私が薄いアプリコット色に塗り替えて優しい雰囲気の部屋に変えてしまいました。

　奥さんは、裏隣の小学校のオフィスで補助的なスタッフとして仕事をしていたため、小学校のことについて教えてもらったことが大いに助かりました。また、自分の家のテナントになる家族の子どもがその小学校に通うことになるという情報を校長先生にも非公式に伝えてくれたこともあったのでしょうか、私と校長先生はフレンドリーな話し合いをすることができたことが幸いでした。

家の隣が小学校

　ミルトン・パロウキアル・プライマリー・スクール（Milton Parochial Primary School）は、ミルトン・マルソー村の男女共学の公立小学校です。創立は1848年。日本ではペリーの黒船来航前の幕末時代です。校舎は石造の立派な建物で、三角形の屋根を3つ持ち、目を引く姿をしています。正面には昔のゆがんだガラスがびっしりはまった大きな窓があり、光を複雑に柔らかく反射しています。校舎の裏へ回ると少し小ぶりですが一面芝生の校庭があり、すぐ近くに小さなプールもあります。このプールは、隣人が善意で貸してくれているものです。

　生徒の人数は約100人、専任の先生は5人、事務や補助的な仕事を担当する人が約10人、この他にも地域の人たちが

さまざまな支援活動をしてくれています。生徒は指定された白いポロシャツと緑色のトレーナー、グレーのズボンやスカートを着用する決まりになっていて、毎朝登校時にきちんと着用しているかを先生からチェックされます。

　小学校には運営ポリシーと、先生・生徒が留意するべき注意事項をまとめて書面にしたマニュアルがあり、新入生の保護者に配布されてしっかり説明されます。教育カリキュラムは国が定めたカリキュラム（National Curriculum）に則っています。基本は、英語、数学、サイエンスのコア科目で、キリスト教、アート、歴史などの科目もあります。

　最初はこれで足りるのかと不安を覚えたものでしたが、同じクラスの中でも生徒それぞれの興味や学力に適合した個別指導や小規模グループ学習をしていることもあり、日本の学校のように全員一致できっちり同じスピードで進んでいくわけではないことがユニークに感じられました。

　例えば、歴史を学ぶ授業は、古代から現代までの出来事を年代順に説明するのではなく、「ヘンリー8世」について一通り解説した後、各自で調べてまとめた内容について発表する、絵を描く、互いに批評しあうという内容でほぼ歴史の授業は終了してしまいます。生徒の意欲や自主性を尊重しながら適切に指導していく方法は、個性を伸ばす効果を生み出しそうで優れたところがあるのかもしれないと感じました。

家族も到着、新生活の本格スタート

8月下旬に妻と子どもたちが英国に到着しました。ロンドン・ヒースロー空港から高速道路M1に入り、だんだんと緑豊かな牧草地が広がっていくイングランド中部の典型的な田園風景を楽しみながら会話がはずみました。

妻からは、出国前までに自宅の賃貸契約をしてテナントが決まったこと、自宅で乗っていたクルマの日産セレナ（Nissan Serena）は売却を完了したこと、あれこれ必要な書類や証明書を持参したことなどを聞きました。

こちらからはクルマの運転に際して注意するべきことを話しました。妻もクルマの運転が必要になるため、知っておいてもらわないといけないことです。日本と同じく右側にハンドルがある運転席、走行は左側通行。ラウンドアバウト（Roundabout）の通行には、必ず進入前に一時停止すること、右から来る車両が優先であること、ラウンドアバウトに進入したら、出ようとしている道に入る前に左折ターンシグナルを出すこと、ラウンドアバウトから出そこなったらもう一周してトライすることを伝えました。

英国には、大小さまざまなラウンドアバウトがあり、信号機がなくても整然とクルマが流れる良い仕組みですが、ひとたび渋滞になってしまうと全く機能しなくなる代物なのです。また、乗馬している人に出くわしたら、馬を驚かせることのないようにスピードを落としてゆっくり追い越すこと、犬を

轢いてしまったら警察に届け出ること（猫は届け出不要）、という話もしておきました。

　ミルトン・マルソー村に入って、ミルトン・コートの我が家に着くと皆から歓声があがりました。思っていたよりも気に入ってくれた様子で何よりでした。玄関から家の中に入るや否や、子どもたちは2階へ駆けあがり自分の部屋を勝手に決めてすぐに下りてきて庭へ飛び出ました。裏庭にはバレーボールコート半分ほどの広さの芝生があり、板塀の向こう側が小学校だと知って大喜びでした。日本から船便と航空便で送ってあった引っ越し荷物を入れた段ボール箱が30箱近く開梱せずに部屋のあちこちに積み上げられているので、まずはこの整理から家族総出で取り組みました。一日ではとても片付けられるはずもなく、1週間ほどかけてようやくめどがついた状態でした。

　子どもたちは、ミルトン・パロウキアル・プライマリー・スクールに通う一方、毎週土曜日にロンドンのアクトン（Acton）にある日本人補習校に通うことにしました。日本の教科書教材を使って、主要科目それぞれ1週間分の内容を1日のペースで集中して学ぶことができます。この学校への通学を希望する子女が多いため、日産NETCは毎週土曜日に大型バスを用意してミルトン・キーンズとアクトンの間を往復できる

便宜を提供していました。毎回交代する当番の父兄がバスに乗り込み、事前に報告されていた往路と復路の乗車予定者と人数を点呼確認して安全に送迎する役割を担っていました。

　子どもたちは、毎週土曜日に多くの日本人生徒や日本人先生たちと会話する機会ができたとはいえ、普通に日本で生活している子どもたちに比べて日本語を使う時間の総量が少ないことは明らかなので、私は毎日子どもたちに日記を書かせてそれに私がコメントを書いて返すことを始めることにしました。

　二人にそれぞれ日記用ノートを1冊与えて、毎日必ず1ページでよいから日本語でその日に経験したこと、自分が思ったこと、何をどうしたら良かったかと気づいたこと、その理由はなぜか、などを簡潔明瞭に書くようにと伝えました。それを翌日までに私が読んで、赤ペンで誤字修正とコメントを入れて朝には机に置いておくからその内容もよく読むようにと言い聞かせてスタートしました。

　これは非常に良い効果をもたらしました。子どもたちがそれぞれ感じたことがわかるし、日本語を書く練習になるし、こちらが書いたフィードバックのコメントを読んで子どもなりに考えることにも役立ったのです。

　私は、遠慮せずに大人のコメントをバシバシ書きました。毎日の習慣とすることで、いい加減に適当に済ませることも

なく、マンネリ化することもなく、ほぼ中断することなく英国滞在中に日記の交換ができて何十冊もの日記帳が残ったことは、子どもにとっても一つの貴重な資産となったといえるでしょう。子どもの教育の一つの方法として両親や保護者の皆さんにはお勧めしたい内容です。

近所付き合い

ミルトン・マルソー村に日本人が住むのは、11世紀にさかのぼるこの村の歴史始まって以来の出来事とのことです。しかも子ども2人が村の学校に毎日通うことになり、当初は、毎朝夕の登下校には村人の注目を集めることになりました。

ミルトン・コートの2軒隣に住むD夫妻に我が家の長男と同じ年の娘さんV嬢が同じミルトン・パロウキアル・プライマリー・スクールに通っていることがわかり、9月の学期開始初日からほぼ同じ時間に一緒に登校することになりました。必ず登下校には保護者が付き添うことが求められているため、毎日妻が我が家の二人の子どもを連れ、D氏の奥さんがV嬢を連れて話しながら歩いて通うことが日課となりました。D氏はこの村の出身者で、中東で長く勤務した経験があり、D氏の奥さんはフランス人であり弁護士事務所で働いていました。

その様子を同じくミルトン・コートの入り口の家に住むM夫妻が毎朝夕楽しみながら眺めて声をかけてくれました。

M氏は両親が当時ケンブリッジに健在で、本人は名門メーカーのX社で長く勤務した後退職して自分自身で起業して自宅をベースに活動していたこともあり、ほぼ毎日のように様子を見ることができたのです。M氏の奥さんはオランダ人です。このD夫妻とM夫妻が最も親しくお付き合いをしていただいた家庭で、今でも音信を継続しています。

　同じ小学校に近隣からクルマで通う生徒の父兄の中にはスーパーリッチな家庭もあり、ジャガーのオープンカー（Jaguar XK8 Convertible）にさっそうと乗っていたりした姿を見てうらやましく思ったものでした。どの家もだいたい奥様が送迎する役割を担っていたこともあり、必然的に妻と他の奥様連中および学校の先生方との仲は、つかず離れずの親密さを深めていくことができるようになりました。妻にしてみれば、村の小学校の他にもアクトン補習校に通う日産NETC社員の子どもを持つ奥様連中との付き合いもあり、それなりの心労はあったことでしょうが、我々の住む村が多くの日本人の住む地域から離れていることもあり、余計な気苦労をすることはなかったことが幸いだったといえるでしょう。

歳時記

　英国に住んでみると、日本ほどはっきりしていないものの、四季があるように感じられます。春は3月から5月、夏は6月から8月、秋は9月から11月、冬は12月から翌年2月とい

う具合です。英国に滞在していた1996年7月から1998年8月のミルトン・マルソー村からほど近いノーサンプトン市の気温実績を調べてみたところ次のグラフのようでした。

ノーサンプトン気温推移実績
（1996年7月〜1998年8月）

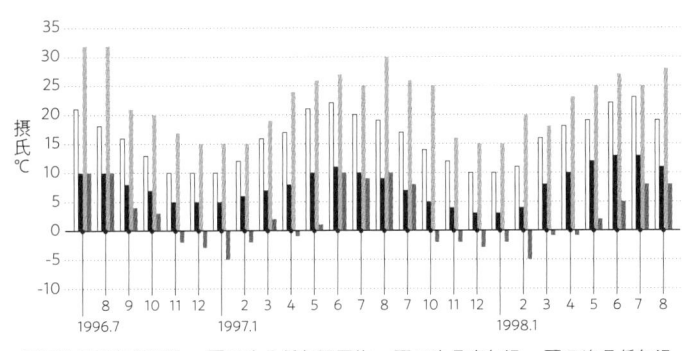

出所：Weatherspark.com の Northampton Temperature History のデータから筆者作成

　夏といわれる6月から8月は、30℃を超える日が数日あるものの、日次最高気温平均は20℃程度です。日が長いこともあって、ゴルフ好きの人は会社の仕事を少し早めに切り上げて余裕で1ラウンド回れます。

　9月になると風が冷たくなり寒い日が増え始めます。日次最高気温平均は15℃程度になり、日照時間も確実に短くなります。朝の出勤時間帯はまだ外は真っ暗で、夕方も4時ご

ろには暗くなります。

11月には氷点下になる日が出始めます。12月から2月の冬は、非常に寒い日が続きます。

3月から4月になると氷点下の日はあるものの、ようやく春を感じるようになり、5月にかけて少しずつ陽の光が柔らかくなっていき、色とりどりの花が一斉に咲き始めます。そして迎える6月は、年間を通して一番素晴らしい時期であることを実感するのです。

夏の時期を除いて、天気が快晴であることは少なく、曇りの日が多く続きます。風は冷たく、総じて寒い日が多いのです。小雨がぱらつくことは日常よくあることです。日本では雨が少しでも降り始めたら、それ傘をさせとなりますが、こちらでは少しの雨では傘などさすことはなく、濡れようがお構いなしです。

曇った日は、どんよりした天気が続き、雨が降り、曇りになったかと思いきやまた雨が降り、そして日が暮れるのです。これが毎日のように続く冬の時期は本当に気が滅入ってしまいます。まるで体にキノコでも生えてくるのではないかと太陽の光が恋しくてむずむずする日があったものです。英国人が夏になると英国の南部や南西部の海沿いでのんびりしたり、フランス、スペイン、ポルトガル、イタリア、マルタ、キプロス、ギリシャなどで太陽をしっかり浴びてこようとする心理は実によく理解できるのです。

あちらこちらに外出している機会の多い我が家ですが、ミルトン・マルソー村で生活者として経験した四季を振り返ってみましょう。

◆ **春（3月〜5月）**

　庭に水仙とチューリップが一緒に咲き、桜も咲き始めます。4月からはさらに開花する花も増え、緑の牧草地の周りを彩っていく日常の変化がとても楽しく感じられます。バラ、ツツジ、シャクナゲ、その他あらゆる色の花が一気に咲き誇る花の時期です。

◆ **夏（6月〜8月）**

　6月になると庭の芝生が急に伸び始めます。だいぶ伸びてきたなと思っていた頃、近所のD氏から早く芝を刈る手入れをするように注意されました。週末に大きな枝切りはさみでちょちょと芝刈りをしていたところ、見かねたD氏がこれを使ってやるべしと芝刈り機を持ってきてくれました。芝と道路の境目には、立ちながら切ることのできる専用はさみがあり、それも提供してくれました。単に芝を刈ればよいというだけではなく、いかにきれいに仕上げるかが大事だということを体験したのです。

　夏に一斉にいろいろな色の草花が咲き誇りますが、中でも黄色には小さな虫が集まってくることが多いことを知りまし

た。引っ越し業者さんが夏の暑い日に船便荷物の配達に来た時には、そのポロシャツが黄色だったこともあり、少しばかりの間にびっくりするくらいの数の小さな虫がポロシャツに寄ってきたことが驚きでした。以来、明るい黄色の服を夏に着用することはやめにしました。

1年間の学校生活を経験して迎えた7月に、ミルトン・パロウキアル・プライマリー・スクールで娘の卒業式がありました。

◆ 秋（9月〜11月）

英国滞在1年が過ぎ、娘は9月から公立中学校、キャンピオン・スクール（Campion School, Bugbrooke）に入学しました。この学校は1967年に開校し、ミルトン・マルソーをはじめとするノーサンプトン市西側地域の12の村や町の小学校から進学する生徒を受け入れています。11歳から15歳までの全校生徒数は約1,120人です。娘は、夏休み明けから中学校に通学するにあたり、スクールバスで毎朝8時15分に村の集合場所から出発し、夕方4時過ぎに同じバスで帰宅する生活パターンが始まりました。新しい中学校で、新しい友人や先生と、よりレベルアップした授業内容に取り組むことに不安もあったでしょうが、さして大きなトラブルもなく自然になじんでいったことから、その適応力の高さに感心しました。

11月に9歳になった長男は、地元のラグビークラブ、ノー

サンプトン・オールド・スカウツ（Northampton Old Scouts RFC）に入部し、毎週練習に参加することになりました。家からクルマで15分ほどの場所にある広い芝生エリアに、練習場としてラグビー場が2面とクラブハウスを持つチームです。しっかりユニフォームとマウスピースをつけ、基本動作から徹底的に指導され、試合もこなすようになっていきました。

◆ 冬（12月〜2月）

　12月はクリスマスシーズン最盛期を迎えて、ミルトン・コートの各家にもクリスマスツリーが準備され、何かとせわしなくなります。1年の感謝を込めて、郵便配達のおじさんに各家がそれぞれワインやお菓子などを配達に来てくれたついでに渡す伝統があるとのことで、我が家もワインをお渡しして労をねぎらったものです。

　1月に娘の11歳の誕生日パーティーを我が家で開催しました。娘の同級生が14人ほど集まってくれて、お菓子やケーキを食べながら、ワイワイガヤガヤ大騒ぎでした。中でも人気だったのは、一つは福笑いで、大きな紙で作った目、鼻、口、眉毛を目隠しして顔を作る日本ではおなじみのゲーム。英国にはない遊びとのことで新鮮だったようです。もう一つはツイスター・ゲーム（Twister Game）で、二人が赤青黄緑の丸マークを書いたシートの上に立ち、審判がルーレットを

回して出た結果で「右足・青」、「左手・赤」などとやっているうちにひっくり返ったら負けという体を動かすゲームです。にぎやかに大騒ぎをしてぐちゃぐちゃになりました。

4. 英国での思いがけない出会いと新たな人脈

　英国でのラグビーについては第3章で触れますが、ラグビーが縁となり、英国で生まれた新たな早稲田の人脈について紹介したいと思います。

　英国での生活にも慣れてきた頃、早稲田大学ラグビー蹴球部で監督経験もある旧知の益子俊志（ましこ・としゆき）氏が遊びに来てくれました。オックスフォード大学に留学するにあたり、クルマの世話をしてくれというリクエストもあったので、早速最寄りの日産ディーラーへ一緒に出向いて、最適なクルマ探しをしました。その結果、益子氏はNMUK製のブルーバード（T 12、Bluebird）の中古車を購入する運びとなりました。このクルマは、益子氏の良き足となって活躍してくれたとのことです。

　早稲田大学ラグビー蹴球部は、創部80周年記念アイルランド・英国遠征を1997年2月25日から3月18日まで実施することとなりました。遠征メンバーは全早大で現役とOBの混成です。主将は当時4年生の現役、中竹竜二氏です。この遠征試合のうち、アイルランドでの第2戦UCダブリン戦に

おいて事故が起きました。試合後半に中竹氏がタックルした相手の膝が顎にあたり、中竹氏は顎の骨を折る重傷を負って退場し、手術を日本で行うために副団長の日比野弘早大人間科学部教授と一緒に二人は急遽帰国することとなったのです。

我々は第3戦ケンブリッジ大学戦と第5戦オックスフォード大学戦をそれぞれの大学のグラウンドまで観戦に行きました。1997年3月8日に行われた全早大対ケンブリッジ大学戦には、ミルトン・コートの隣人であり、ケンブリッジ出身のM氏を一緒に連れていき、義父(早稲田大学ラグビー蹴球部OB)、妻、長男とケンブリッジ大学のグラウンドで歓声をあげたものです。試合は46対62で全早大が敗北しました。その後、3月15日に行われた全早大対オックスフォード大学戦も義父、妻、長男と観戦しました。試合は17対29で全早大が敗北しました。

益子氏と中竹氏は、中竹氏が早稲田大学を卒業して英国留学をすることになり、揃って我が家に遊びに来てくれたことがあります。長男のNorthampton Old Scouts RFCの練習場にも足を運んで練習風景を見て楽しんでくれました。中竹氏がその後来てくれた際には、広い公園で思い切り走り回った後でハーポール(Harpole)という村でイチゴ狩りをしたことがあります。英国のイチゴは、畑に畝を作って露地栽培をしています。日本のイチゴと比較するべくもなく味は酸っぱ

く、小ぶりな果実をつけるのですが、野性味あふれるイチゴ狩りは楽しいものです。また、ダイアナ妃亡き後しばらく一般公開を控えていたオルソープ・ホール（Althorp Hall）も公開再開後に中竹氏と一緒に見学に行っています。縁は不思議なものといいますが、10年後に長男が早稲田大学に入学してラグビー蹴球部に入部した時には中竹氏が監督だったという奇遇な巡りあわせとなったのです。

第2章

歴史と文化を探求する
ドライブ旅

英国を知るには、自らあちこちを訪ね歩いて、村や町の様子、そこに生活し集う人々の様子、イベントや祭りの様子などを現地で実際に見て感じることに勝るものはないでしょう。百聞は一見に如かず。万巻の書籍を読んでわかったつもりになるよりは、現地の空気を吸ってこそ初めて体得する感動は他に代えがたいものがあります。観光名所といわれるメジャーな場所を一通り見て歩いたら、現地に住んでいるからこそアクセスしやすい場所を探し出して訪ね歩くことが何より楽しく感じられます。

　英国には、ナショナル・トラスト（National Trust）やナショナル・ヘリテッジ（National Heritage）という仕組みのもとで、名所旧跡、名勝、歴史的価値のある建築物やマナーハウスなどを後世にきちんと残し続けるために維持・修復・保存・整備を行い一般開放している取り組みがあります。
　ナショナル・トラストは、信託を利用して「国家の利益のために歴史的名所や自然の美しい場所を取得し永久に保存する」ことを目的として保存活動をする慈善団体です。1895年に設立され、2024年現在、500以上の歴史的家屋、庭園、広大な田園地帯の土地や海岸線などを管理して公開しています。

英国に長期間滞在する機会のある人は、このナショナル・トラストの会員になれば即日有効の優遇料金で対象施設の拝観ができ、豊富な情報を提供されるのでお勧めです。何よりも私たちが支払う年会費が、価値ある歴史的遺産や自然の未来への存続に少なからず貢献していることを思うと道理にかなった活動であることを感じられて清々しい気分になります。年間換算で数か所訪問予定であれば、十分に元は取れる勘定です。

　英国の現地の人々も多く加入していて、我々も近所のM夫妻に勧められて早速会員になりました。今ではWebサービスでスマホでも見られる充実した情報提供をしていますが、当時はそれぞれが発行するガイドブックを頼りに尋ねるべき場所の情報を拾い集めたものです。

　英国に滞在する間に各地の名所旧跡、マナーハウス、庭園、豊かな自然を訪ね歩くには、クルマで回ることが効率的です。英国の道路事情は、高速道路M、主要道路A、一般道路B、その他の道路の4区分があり、それぞれ地図で色分けされて見やすくなっています。走行中の最高速度制限は、場所によって指定された場合はそれに従いますが、原則としてMは70マイル /h（約113km/h）、Aは60マイル /h（約97km/h）、Bは40マイル /h（約64km/h）、その他は30マイル /h（約48km/h）以下です。特に村や町の中心部や住宅地域、学校

周辺ではより低速での走行が求められています。場所によってはバンプ（Bump）と呼ばれるかまぼこ状の突起が路面に設けられていて、強制的に大きく減速する必要に迫られる道もあります。田舎の道を走っていると、対面通行1車線の道の場合、ところどころに通行スペース（Passing Place）が設けられており、通行スペースに早く到達しそうなクルマがそこで一時停止して相手をやり過ごすことがよくあります。狭い道は無理して走行せずに、譲り合いの精神でゆったりした気分で走らないと危険です。

　自動車会社に勤務している私には、各国市場の道路事情、路面事情、交通事情、クルマ利用状況などは実態を知っていることが当然のこととして求められると自分で決め込んでいました。業務上必要だからという受け身の理由からではなく、むしろ生来のクルマ好きであるからこそドライブをしてさまざまな路面の状況と乗り心地をタイヤ、サスペンション、車体、シート、ステアリングホイールを通して感じながら途中の景色や村や町の様子を楽しみつつ、英国製の日産プリメーラで目的地を回ることが楽しい体験となったことを嬉しく思っています。

　我が家では、休日になれば原則としてどこかへ外出してあちこち見て回ることを常としていました。たいていの場所は、

ミルトン・マルソーの家から日帰りで訪ねましたが、B & B を利用した1泊、2泊、あるいは夏休みや冬休みには4泊以上の旅で英国内を走り回ったものです。その中でも、とりわけ記憶に残っている忘れがたい場所について紹介しましょう。当時の写真や地図、パンフレット、土産物が多数残っているので、これらを見ることで27年以上も昔の記憶がすぐに呼び覚まされます。また、現在ではインターネットの最新マップを見れば、最近の様子もわかるので、かつて訪ねた場所が現在はどのようになっているのかを知ることができて楽しいものです。

1. ミッドランド イングランド中部（The Midlands）

　ミルトン・マルソーの我が家から手軽に回れる場所はイングランド中部に数多く存在しています。ここではそれらの中で何度も訪ねた常連の地を自宅からクルマで1時間圏内での距離にある近隣の場所と、1時間以上かかる少し遠出となる場所に分けて紹介します。

近隣（自宅から1時間圏内）

◆ オルソープ・ホール（Althorp Hall）

　オルソープ・ホール（Althorp Hall）は、ノーサンプトン市郊外のハーレストン村（Harlestone）の近くにあります。我々

の住むミルトン・マルソーから北上し、ノーサンプトン市を抜けて北西へＡ428を走ると到着します。走行距離約16km、所要時間は25分ほどです。周囲はノーサンプトン郊外から続く緑の田園地帯の牧草地で、途中の田舎道のところどころに点在する小さな村の趣深い家たちが昔の面影を美しく残しています。この地に最初に居館を建てたスペンサー家が脈々と500年超の長きにわたり同じファミリーで住み続けて現在に至るという意味では、英国の数あるマナーハウスの中でも特筆するべき存在といえるでしょう。

私たち家族が英国滞在中に6〜7回は訪ねた場所です。もとより、ダイアナ・プリンセス・オブ・ウェールズの実家であることがきっかけで、地元の人たちから必見の場所と紹介されていたことと、何よりもアクセスしやすい近場であったためです。

最初の数回の訪問時は、まだダイアナ妃の事故が起きる前のことであり、マナーハウス全体はゆったりした雰囲気の中に佇んでいました。訪問客は誰もがのんびりした足取りで広い芝生の庭を歩いていきます。やがて目の前に現れるハウスの本館は、灰色を帯びた薄茶色の石に覆われた立派で上品な風格を示しています。公開されている内部の部屋やサロンは、そのまま美術館か博物館にいるかのような素晴らしさで、スペンサー家歴代の人物画や影像が壁や廊下のいたるところに飾られています。天井、階段、床、カーペット、椅子、机、

ダイニングテーブル、シャンデリア、マントルピース、ベッドなどは部屋ごとにさまざまなデザインに満ちています。とりわけライブラリーにある貴重な蔵書の数々やあちこちの部屋を飾る陶磁器のコレクションが秀逸です。スペンサー家（The Spenser Family）が実際に住んでいるハウスであることから、それぞれの部屋にある調度品や小物たちも適度に活用されている息遣いが感じられます。

　ダイアナ妃の事故があった後、しばらくオルソープ・ホールは公開を中止していました。公開再開となってからの変化は、ダイアナ・メモリアル・ホールが建てられ、池の中央に浮かぶ小島がダイアナ妃の安息の場所となったこと、笑顔ではなくやや物憂げに視線を落とすダイアナ妃の肖像画が歴代ファミリーの肖像画に並んで掲げられたこと、観光客が増えたことにより従来の静かな場所ではなくなったことです。

　ダイアナ妃は、1986年5月8日から5月13日までの間、チャールズ皇太子とともに来日され、5月12日に日産の座間工場を訪問されました。座間工場は、私が日産に入社してまもなくの時期に2か月間の生産工場実習を経験した場所です。当時、日産は1984年に英国のサンダーランドで英国日産製造（NMUK）が操業を開始していたこともあったことから、訪日の際の訪問予定に組み込まれたものと思います。

ダイアナ妃は、1997年8月31日夜にパリ中心部のトンネルの中で、乗車していたクルマが追いかけ回してきたパパラッチたちを振り切ろうとしているうちに壁に激突大破した事故に遭遇して命を落とされました。

　その日以降、とりわけ1997年9月6日土曜日の国民葬をピークに、英国民の受けた衝撃と悲しみは甚大なものでした。ケンジントン宮殿、バルモラル宮殿の門前は英国民による献花であふれかえりました。ウェストミンスター寺院で行われた国民葬の様子はBBCテレビで生中継され、ほとんどの英国民が家庭やパブでテレビを見ていたに違いないでしょう。

　私たち家族もテレビでダイアナ妃の棺を乗せた霊柩車がロンドンを出発して高速道路M１に入り、ノーサンプトンに近づきつつある様子を逐一見ていました。そしてまもなく近くを葬列が通りそうだという頃合いを見計らって高速道路M１の上に架かる橋の上から眺めようと橋の上まで歩いて出かけていきました。そこで目にした光景も衝撃的でした。いつもは上り下り車線とも走行するクルマでいっぱいのM１は、1台もクルマが走っていないのです。全くクルマがいない状態でがらんとしています。その代わりに、M１の両側路側帯をずっと埋め尽くしているのは、花を手にした人たち。日常は立ち入ることのない高速道路の両側にびっしりと並んでいます。何千人といることか！　架橋の欄干の両側にも花を手にした人々が並んでいます。あちこちですすり泣く声がしてい

ます。しゃべっている人はおらず、皆静かに葬列が近づいてくることを待っています。

やがて先頭の霊柩車が見えてくると、誰からともなく声があがり、すすり泣きの声は一層激しくなり、Ｍ１の両側に並んだ人たちや架橋から見下ろす人たちから一斉に霊柩車に花が投げられ、祈りの言葉や感謝の言葉を静かに呟いています。私も思わずもらい泣きの涙があふれてきます。霊柩車の天井やフロントフードは、ロンドン出発以来ずっと投げ入れられ続けた花でうずめられています。その上になおノーサンプトンの人々が投げ入れる献花であふれた霊柩車は、ゆっくりとしたスピードで走行し続けてきて、ようやくＭ１を降りて一般道に入り、オルソープ・ホールへと向かっていったのです。私たちは小走りに家へ戻り、テレビをつけてその後の様子を見届けました。見覚えのある田舎道を走る葬列をカメラはいくつもの場所から丁寧に捉え、オルソープ・ホールへ到着するまでを完全生中継で放送したのです。

こうしてダイアナ妃の死とともにオルソープ・ホールはその様相を変えてしまいました。ノーサンプトンの地元の誇りと自慢の場所であることに変わりはないものの、以前のような、スペンサー家の長い歴史と伝統を守り続けた豊かさと幸せを私たちが感じることができて、そのお裾分けをゆったりと楽しんでいるような場所としてだけではなく、悲劇的な事故がもたらした大きな喪失感を常に思い起こす場所になった

のです。

　いまや一大観光地にまでなったオルソープ・ホールですが、今に続く英国貴族の一つの姿を知る場所としてだけではなく、ダイアナ妃の目指した平和と世界の子どもたちへの愛情と信念に満ちた魂を感じる英国随一の場所といえるでしょう。私はこのオルソープ・ホールが大好きです。

◆ クレイドン・ハウス（Claydon House）

　ナショナル・トラストが1956年から管理する歴史的価値のあるマナーハウスの一つであるクレイドン・ハウス（Claydon House）に行ってみましょう。ミルトン・コートの我が家からクルマを走らせてA508とA422を南に向かいバッキンガム（Buckingham）の町を目指します。町を抜けると田舎道を走ること5kmほどでミドル・クレイドン（Middle Claydon）の村に出ます。このあたりは、クレイドンという名の村が隣接しています。スティープル・クレイドン（Steeple Claydon）、イースト・クレイドン（East Claydon）、ボトルフ・クレイドン（Botolph Claydon）という具合です。それらのクレイドン村の真ん中あたりにあるのがクレイドン・ハウスです。

　広大な敷地のほとんどは田園地帯で羊が平和に草を食んでいます。ナショナル・トラストの編纂したクレイドン・ハウスの歴史によれば、15世紀からこの土地と屋敷を所有して

きたヴェルニー家（Verney Family）は波乱万丈の物語に満ちた歴代当主の家系のようで、政治家として名をあげた当主、清教徒革命で戦死した当主、屋敷の大規模拡張をする一方で投資に失敗して破綻した当主、海軍軍人だった当主などさまざまでした。

19世紀には、フロレンス・ナイチンゲール（Florence Nightingale）の姉であるパーセノーペ・ナイチンゲール（Parthenope Nightingale）が後妻として当主に嫁いだことから、フロレンス・ナイチンゲールはクレイドン・ハウスを頻繁に訪れて滞在していたとのことです。このため屋敷には「ナイチンゲールの間」（Miss Nightingale's Room）と名付けられた部屋があります。

屋敷の中で目を引くのは壁や天井を飾るロココ調の美しい漆喰仕上げです。屋敷全体がロココ調で統一されているわけではなく、ゴシック調の部屋もあります。特にチャイニーズ・ルームと呼ばれる部屋は、壁一面を覆うゴテゴテした装飾細工と中国製の陶磁器が18世紀の中国趣味を表現しようとしていることが見て取れます。大階段の欄干や手すりは金属製の草花をあしらった繊細で豪華なデザインで統一されていて、躍動感のある素晴らしい作りだと印象に残りました。

◆ ワデスデン・マナー（Waddesden Manor）

クレイドン・ハウスからさらに南へ田舎道を4kmほど走

るとワデスデン村に到着します。ここにワデスデン・マナー（Waddesden Manor）があります。この屋敷もナショナル・トラストが保存管理しています。屋敷の歴史は19世紀に始まるので、建築された時代は比較的新しいのですが、その生い立ちが半端ではありません。18世紀にフランクフルトで起業し、その後の100年間に金融業で巨富を築いたユダヤ人メイヤー・アムシェル・ロートシルト（Mayer Amschel Rothschild）の5人の息子たちは、フランクフルト、ウィーン、ロンドン、ナポリ、パリに拠点を置いて親族間の結束を図りつつビジネスの拡大をしてきました。

そのウィーンで創業したサロモン・メイヤー（Salomon Mayer）の孫であるフェルディナンド・ジェームズ・アンセルム（Ferdinand James Anselm）が母親の死後に英国に住み続けることになりました。母親はロンドンで事業をしているロートシルト一族の出身でした。フェルディナンドは1874年にマールボロ公爵（Duke of Marlborough）からワデスデンの土地を買い、1889年までの間に大規模な土木工事と屋敷の建築工事を行って完成させたのがこのワデスデン・マナーです。建築にあたっては18世紀のルイ王朝の雰囲気を再現するべく、当時の材料をふんだんに使うとともに先代から受け継いだ美術工芸品の数々を装飾にも採用したことから、まるでフランスの宮殿のような屋敷が英国の田園地帯に突然出現することになったのです。

クルマを停めて歩いて屋敷に向かう砂利道はかなり距離が

あります。屋敷の全貌が目の前に現れると、その壮麗さに思わず声が出ます。屋根の上には何本もの煙突が突き出し、尖塔もあります。建物の右手側にはワインセラーがあり、ロートシルト家の約15,000本のワイン・コレクションがあります。シャトー・ムートン・ロートシルト、シャトー・ラフィット・ロートシルト、ポムロールはもとよりフランス、アメリカ、チリの名だたる銘柄の経営に参加してきたワインビジネスの専門家としての実力を示しています。

　屋敷に入るとすぐにガラスの温室があり、むっと汗ばむほどの環境が作られ、温暖な気候を好む植物が育てられています。屋敷の部屋の中はそれぞれの部屋ごとに豪華絢爛な装飾と調度品がこれでもかという具合に置かれています。ナショナル・トラストの管理する屋敷の中にはあまり調度品が置かれていないものも多いのですが、ワデスデン・マナーは例外です。じっくり見ていると1日では足りないくらいに見ごたえのある品々があちらこちらに置かれているので、全く飽きることがありません。目の肥やしになる教材が惜しげもなく周囲に置かれている状態なのです。

　庭に出てみます。屋敷の南側に広がる広い庭園は当時のフランス人造園家のデザインで作られたものです。真ん中に広い池があり、その中央の何体もの影像からは水が噴き出しています。庭園はフランス風で、区画整理された花壇には9月に訪問した時には赤いゼラニウムや色とりどりの花が咲き誇

っていました。

ロートシルト家はユダヤ人としての出自で事業に成功して豊かな財力を築いたがゆえに、イスラエルの建国にも貢献しています。英国がバルフォア宣言を出してパレスチナの地にイスラエルを建国するようロビー活動をしていたのは英国のロートシルト家当主のライオネル・ウォルター（Lionel Walter）であったとのことです。

◆ ウォーバン・アベイ（Woburn Abbey）

ウォーバン・アベイ（Woburn Abbey）は、高速道路M1をジャンクション13で降りてA4012を南に3kmほど走ると到着します。こちらの屋敷も周囲は広大な田園地帯に囲まれていて、屋敷を囲む立派な壁が延々と続いています。屋敷の主人であるラッセル家（Russell Family）は、15世紀から現代に続いている家系ですが、この地に屋敷を築いたのは第4代ベドフォード伯爵のフランシス・ラッセルです（Francis Russell, 4th Earl of Bedford）。歴代の当主と王室との交流も深く、エリザベス1世、チャールズ1世と王妃、ビクトリア女王と夫君のプリンス・アルバートが滞在したとのことです。王室メンバーの行幸があるときには、その都度それなりに部屋の装飾やしつらえを整えたであろうことが想像されます。

ウォーバン・アベイの室内の各部屋は見事な壁、床、家具、調度品、絵画に満ちています。オルソープ・ホールと比較し

ても引けを取らない充実した内装の部屋が数多くあります。ユニークな場所は、17世紀に造られたといわれるグロット（Grotto）と呼ばれる洞窟の部屋です。ヨーロッパで17世紀に流行った内壁の飾りとして海をモチーフにして海藻やタコの絵を描くとともに実際の貝を埋め込んでいます。陽の光が入らない北側の部屋であるため、ひんやりした不気味な冷気を感じる不思議な空間です。

　さらに、動物園が敷地内にあることも驚きです。サファリパークとして公開しています。その動物園に行く際に猿が野放しになっているエリアがありますが、クルマで行く際には要注意な場所です。

　私たちが初めて訪問した時、猿のたくさんいる中をゆっくりとクルマを進めていたところ、突然2, 3匹の猿がクルマのフロントフードに飛び乗ってきました。近くで猿を見ることができて子どもたちは大喜びでしたが、すぐに驚きに変わりました。なんと猿たちはいきなりクルマのフロントウィンドウの周りを覆って車体と接合している部分にあるウェザーストリップのゴムの部分をびりびり引きはがして食べ始めたのです。口に入れてすぐに吐き出していたので、飲み込んではいないものの、猿が面白がってびりびりと引っ張って大暴れし始めました。

　リース車として借り受けたばかりの新車のクルマをめちゃ

くちゃにしてくれてとんでもない迷惑でしたが、猿を追い散らすわけにもゆかず、ワイパーを動かしたりしたら今度はワイパーもへし折られる可能性があるので、ホーンを鳴らしながらスピードを上げて猿エリアから脱出しました。後から地元の人たちに聞いたところによると、似たような被害を経験していた人もおり、私のケースが初めてではないようです。猿エリアにクルマで立ち入らないよう忠告しておきます。

◆ サルグラーブ・マナー（Sulgrave Manor）

　サルグラーブ・マナー（Sulgrave Manor）は、ノーサンプトンシャーのサルグラーブ村にある小さな屋敷です。オルソープ・ホールの建つ場所からすぐ近くの距離です。私が住んでいたミルトン・コートからも近いため、何度か訪問しました。

　この屋敷は、アメリカ初代大統領ジョージ・ワシントン（George Washington）の7代前の祖先ローレンス・ワシントン（Lawrence Washington）が16世紀半ばに建てた家が始まりです。その後幾多の変遷を経てワシントン家の手を離れ老朽化していたところ、1914年に米英戦争終結の講和条約（Treaty of Ghent）締結100周年記念行事の一環として英国と米国から寄付を募って買い上げられ、修繕が施されたのち、英国と米国の友好の証しとして1921年から公開されてきています。屋敷の正面に大きな星条旗がぱたぱたと翻っている様子は、

特に米国から来る観光客には母国の初代大統領祖先のゆかりの土地に来たというだけで感慨に浸れるものなのかもしれません。

　石造りの小ぶりの屋敷は、ところどころに16世紀の残滓（ざんし）があるものの、昔の様子をほぼ忠実に再現したレストアが行われているため、家の中には目を見張るようなめぼしいものは何もありませんが、こんな様子で18世紀までは暮らしていたのだろうと思い起こすには十分な造りになっています。ジョージ・ワシントンの3世代前が米国バージニアに移民として渡航していたため、ジョージ・ワシントン本人はこの屋敷に住んだわけではありません。

　屋敷の周りはきれいに手入れの行き届いた芝生の庭が広がり、隣接するバラ園はそれほど大きい規模ではないものの、心を和ませるバラの香りに包まれた時にはゆったりとした気分に浸れる時間を過ごせることが楽しい場所です。

◆ キャノンズ・アシュビー（Cannons Ashby House）

　キャノンズ・アシュビー（Cannons Ashby）は、ミルトン・マルソーから田舎道を西へ向かうこと30分ほどのドライブで到着します。途中の田舎道は、片側1車線の細い道ですが、周りは牧草地が延々と続く見晴らしの良い景色で、快適なドライブが楽しめます。これぞ英国ならではの緑あふれる田舎道といえる場所で道路も混雑することはないので、加速する

クルマのエンジン排気音を十分楽しむことができます。手軽に行けることもあり、我が家では何度も訪ねたお気に入りの場所です。

　屋敷は、16世紀半ばにドライデン家（The Dryden Family）によって建設され、1981年にナショナル・トラストへ遺贈されるまで同じ家系が代々受け継いできました。1837年から1899年にかけて主となったヘンリー・ドライデン・アンティクアリー（Sir Henry Dryden the Antiquary）は、歴史や考古学や中世建築が好きだったことから古いもの好きという意味を込めて父のヘンリーと区別するためにアンティクアリーと呼ばれたとのことです。彼がなるべく昔のままの姿に屋敷を残すことに努めたため、17世紀、18世紀、19世紀の修繕がなされた場所も含めて屋敷の内外は当時の様子をよく残しています。

　1960年代には賃貸に出されたものの、修繕するべき箇所が多くとても長期間の賃貸ができる状態ではなくなってしまい、1980年代にはほとんど遺棄されたかのような体を成していたものの、1981年に教会や庭とともにナショナル・トラストに遺贈され、多くの寄付を受けて修繕がなされて今日の姿となったとのことです。このように、貴重な建築遺産と隣接する自然景観を守り続けることに対して寄付や支援が幅広く集まるところに英国の市民や団体の長年の行動様式の蓄積があることを実感せずにはいられません。

キャノンズ・アシュビーは、比較的小ぶりな屋敷で豪勢なところは何もないので、室内の様子に驚くようなことはありません。むしろ、庭が非常に美しいのです。とりわけ屋敷の西側正面にあるグリーン・コート（The Green Court）と呼ばれている芝の庭が良い雰囲気を醸し出しています。庭の中央あたりにある横笛を吹く羊飼いの青年の立像がとても良い出来です。その先にヒマラヤスギ（Cedar）の大木が何本か植わっていて、さらに広い庭に続いています。ヒマラヤスギは日本の縦長の杉とは違って、大きく横に枝を伸ばす大木です。この大木がある風景が、いかにも英国の庭らしい自然のありのままの姿を感じさせてくれるのです。キャノンズ・アシュビーは、周囲を気楽に散策することができるとても感じの良い庭が一番のお勧めです。

◆ ブレナム・パレス（Blenheim Palace）

　ブレナム・パレス（Blenheim Palace）は、オックスフォードシャーのウッドストック村（Woodstock）にあります。初代マールボロ公爵ジョン・チャーチル（John Churchill, 1st Duke of Marlborough）が18世紀初めに建てた大宮殿です。ウィンストン・チャーチルが生まれた宮殿としても有名です。オックスフォードから近いこともあって、私たちも手軽に訪れることができる場所でした。

　広大な敷地の中には、池があり、川が流れ、建築資材を運

んだに違いない鉄道が敷かれ、森と芝生の大庭園に囲まれた中にバロック風の大宮殿が東西両翼の建物と真ん中の本館をつないだ造りで威厳に満ちた表情をして建っています。建物は全体を黄色の輝きを見せる石造りで覆いつくし、屋外の屋根の周囲には大きな串団子のような飾りをつけ、正面と裏面の本館はギリシャの神殿を思わせる柱が柱頭にコリント式の装飾をつけて林立しています。威圧的にも思える建物とその敷地の豪壮さは数ある英国貴族たちの屋敷の中でもダントツに充実しています。

　庭を抜けて屋敷に到達するまでずいぶんと歩くことになりますが、屋敷の中に入ると行く先々で溜息しか出てきません。とにかく大きい、豪華、豊かなのです。絵画、タペストリー、陶磁器、絨毯、机、椅子、マントルピース、食卓、シャンデリアなどの質の高さは感動する素晴らしさです。

　蔵書ライブラリーには1万冊の古書があるとのことです。これだけ圧倒的に高級な品々に囲まれて日常生活をしているとさぞや審美眼が養われるだろうと想像しますが、必ずしも人生はそのようにならないところが不思議でもあり面白いところです。もとより、何度か訪問してじっくり見物する機会を得たくらいでは、その影響たるやたいしたことはないのです。そのように感じてしまうのは、ごく普通の一般市民のひがみ根性なのでしょうか？

　ブレナム・パレスでは乗馬コンテストやビンテージ・カー

の集まりなど、この場所ならではの価値を活用したイベントも行われているので、英国人の誇りとプライドをくすぐる自慢の場所になっていることは間違いないと思います。

●————————— **少し遠出**（自宅から1時間以上）—————————●

◆ ボスワース（Bosworth）

　ボスワースの古戦場（The Battle of Bosworth Field）は、サットン・チーニイ、レスターシャー（Sutton Cheney, Leicestershire）の近くに広がる草原地帯です。この場所で1485年8月22日に薔薇戦争の実質的に最後の戦いとなるボスワースの戦いが行われました。ヨーク家白薔薇のリチャード3世（Richard Ⅲ）とランカスター家赤薔薇のヘンリー・チューダー、すなわちのちのヘンリー7世（Henry Tudor, Henry Ⅶ）との戦闘です。シェークスピアの『リチャード3世』では悪逆非道で醜悪な人物に描かれているリチャード3世の最後の戦いの地に立つことは私が英国で経験したいことの一つでした。

　戦場となった場所には、立派なビジター・センターが建っています。私たちの住むミルトン・マルソーからは高速道路M1を北へ走り、ジャンクション20でA4303を西へ走り、やがて合流するA5を北へ向かい、ヒンクリー（Hinckley）の町をぐるりと回るようにA47を北へ向かうと到着します。走行距離約70km、1時間ほどのドライブです。

　ビジター・センターに行ったのは9月の昼過ぎのことでし

た。あいにく冷たい小雨が降っていて、レインコートを着ていても寒く感じるほどの天気でした。ビジター・センターの前に広がる草原地帯には、リチャード3世のヨーク家紋章の白い猪の旗とヘンリー・チューダーのランカスター家紋章の赤いドラゴンの旗がそれぞれの陣地を示す位置にたなびいています。ガイドの案内で古戦場の主なポイントを見て回ることもできますが、自分で音声ガイドテープを聞きながら勝手に歩き回ることもできるので、我々は子ども連れで小雨も降る天気だったため、アンビオン・ヒル（Ambion Hill）と呼ばれる広い草地の中を案内図に従って勝手にすたすたと歩き始めることにしました。

　乗馬用に使っているライディングコートを着ていたので、少しばかりの雨は気になりません。しばらく歩くと、リチャード3世が水を飲んだと伝わる泉の跡に着きました。それは、大人の背丈ほどのピラミッド型の記念碑で覆われています。このあたりがリチャード3世と仲間のノーフォーク公（Duke of Norfolk）が陣取った場所です。ここを基点として、西側正面にヘンリー・チューダーの軍勢が展開し、北側には最後までどちらに味方するのかはっきりしなかった両スタンリー（Thomas Lord Stanley, Sir William Stanley）の軍勢がいたはずです。その両スタンリーの軍勢の動きをにらみながら、リチャード3世の後詰めとしてノーサンバーランド伯（Earl of Northumberland）が様子をうかがっていたのでしょう。

草地となっている古戦場を歩いていると、小雨が時々強くなったりしたかと思うとぱったりやんだりする不思議な降り方をしていました。リチャード3世終焉の地とされる場所には1メートル超の岩のモニュメントが置かれています。このあたりの場所で、リチャード3世は馬から引きずり降ろされて切り殺されたといわれています。風も出てきて気温も下がり、小雨が勢いよく降り始めてきたことと、すでに古戦場を3kmほど歩き続けたこともあって、家族からは疲れたからもう帰ろうと不満の声が出始めたため、ビジター・センターに戻ることにしました。温かい紅茶を飲み、たっぷりのクリームとジャムをつけたスコーンを食べてからミルトン・マルソーへの帰路についたのです。

◆ ストラットフォード・アポン・エイボン、ロイヤル・シェークスピア・シアター、シェークスピアの生家、ハーバード・ハウス
（Stratford-upon-Avon, RSC, Shakespeare's Birthplace, Harvard House）

　ストラットフォード・アポン・エイボン（Stratford-upon-Avon）は、ミルトン・マルソーから約80km、1時間ほどのドライブで到着します。A43を南東方面に走り、レースサーキットのあるシルバーストーン（Silverstone）を過ぎてA4525を北へ向かいます。高速道路M40に合流するので、これを北へ向かい、ジャンクション15で降り、ウォーウィック・ロード

（Warwick Road）を南西に走ればまもなく町の中心に出ます。さすがに英国を代表する人気の観光地だけあって、クルマが多くて町の中はところどころ渋滞し、人の数も多いのです。

　大きな建物はロイヤル・シェークスピア・シアター（Royal Shakespeare Theatre, RSC）で、劇団がさまざまな演目で舞台をにぎわせています。ここで私はかつて『ヘンリー5世』を見ることができました。

　どの観光客も訪ねる場所が、シェークスピアの生家とアン・ハサウェイの家です。シェークスピアの生家は、広い表通りに面して長屋のように細長い家で、取り立てて目を引く何かがあるわけではありません。この16世紀の建物は、シェークスピアの家系が19世紀初めまで所有していたものの、売却され、その後何人かの所有を経て19世紀半ばに米国人が丸ごと購入してアメリカへ持ち帰ろうとした時に、それを阻止するべく、文豪チャールズ・ディッケンズなどの有志の寄付などにより組成したシェークスピア・バースプレイス・トラスト（Shakespeare Birthplace Trust, SBT）が購入して保存する活動を行い今日に至っているとのことです。

　英国の魂とでもいえる場所を価値ある歴史遺産として認識し、それを国外に放出するなどとんでもないことだとして立ち上がった当時の人々の熱意と行動により、現在も昔のままの姿で、もちろん必要なレストアはされているものの、元の場所に建ち続けていることは素晴らしいことだと思います。

英国人の意地とプライドを感じる場所です。

　この他、SBTが所有している物件はいくつかありますが、アン・ハサウェイの家（Anne Hathaway's Cottage）も有名です。これはシェークスピアの妻、アン・ハサウェイが子ども時代を過ごした家です。煙突が3つある茅葺屋根の長屋風の建物がよく手入れされた庭とともにきれいに保存管理されています。

　もう一つSBTが管理している建物で、シェークスピアの生家からほど近いハイ・ストリート沿いにあるのが、ハーバード・ハウス（Harvard House）です。米国ハーバード大学の創設者ジョン・ハーバード（John Harvard）の祖父トーマス・ロジャース（Thomas Rogers）が1596年に建てた家です。トーマス・ロジャースも商人として成功した人物なので、当時の市民が暮らす建物としては上質の部類に入るのでしょうが、とりたてて驚くような何かがあるわけではありません。ただし、ハーバード大学の卒業生は、専用の記帳書にサインができます。管理人の女性に私が卒業生である旨を告げると、記帳書を持ってきてくれたので、しっかり記帳しておきました。

◆ ダックスフォード帝国戦争博物館
（Imperial War Museum Duxford）

　ケンブリッジから南へ約15kmの地にダックスフォード帝国戦争博物館（Imperial War Museum Duxford）があります。

ミルトン・マルソーの我が家からケンブリッジ経由で約1時間30分のドライブです。

この場所は、1914年8月の第1次世界大戦勃発時から飛行場として利用され、1920年に帝国戦争博物館として公開されて現在に至るのですが、この間に1920年代にはパイロット養成のための飛行学校として使われていました。その後、1930年代には欧州大陸の情勢変化に対応して飛行部隊が使用し、1938年から戦闘機スピットファイア（Spitfire）が到着し始め、1939年9月に英国が対ドイツ宣戦布告をして第2次世界大戦の欧州戦に英国も参戦することになります。

1940年6月までにベルギー、オランダ、フランスを降伏させたドイツは次の目標を英国に定めて大規模な空襲を開始し、これを迎え撃つ英国との間にドーバー海峡上空で繰り広げられたのがバトル・オブ・ブリテン（Battle of Britain）です。

1969年公開の映画『空軍大戦略』（Battle of Britain）は、英国の参戦前のパイロット、飛行機の不足の苦境を乗り越える苦悩と努力の様子、開戦後まもなく始まった英国爆撃の猛攻に参加するドイツ軍の爆撃機ハインケル、急降下爆撃機ユンカース・スツーカ、戦闘機メッサーシュミットの大規模攻撃に対して果敢に戦う英国戦闘機ホーカー・ハリケーン（Hawker Hurricane）とスピットファイアの熾烈な戦闘の様子が、当時動態保存されていた多数の機体を実際に飛行させて撮影した迫力あふれる映像で見事に再現されています。

小学校と中学校時代にプラモデルでこれらの飛行機を何度も製作した経験がある私は、それぞれの飛行機の細かい部位や形状、大きさをしっかりと体で覚えています。したがって、映画を見た時の音と映像に感激したことは当然ながら、実際にダックスフォードでスピットファイアやメッサーシュミットを実機で見た時は強烈に嬉しかったのです。スピットファイアは想像していたよりも機体は一回りほど大きいと感じました。主翼の横の長さがあることと、幅が広かったことがその印象につながったのだと思います。メッサーシュミットは思った通り小さな機体でした。プラモデルを作っている時に、なぜこんなに小さいのに他の飛行機のプラモデルと同じ値段なのかと損をした気分になったことを思い出しました。

　ダックスフォードには、第1次世界大戦の時に使われた複葉機のRE8やブリストル・ファイター（Bristol Fighter）、第2次世界大戦でも魚雷を抱いて攻撃に使われた複葉機フェアリー・ソードフィッシュ（Fairey Swordfish）も実機が保存されています。

　第2次世界大戦で米軍が使った戦闘機P47サンダーボルト（P47 Thunderbolt）、P51ムスタング（P51 Mustang）、カーチスP40キティーホーク（Curtiss P40 Kittyhawk）、P38ライトニング（P38 Lightning）、爆撃機B17、B25、B29など、まだまだ他にもジェット機の時代の戦闘機や爆撃機がたくさんありますが書ききれません。

珍しいものでは、ドイツ軍が使ったロケット爆弾のＶ１とその発射台や、米ソ冷戦時代の偵察機ロッキードＵ-２(Lockheed U-2)、超音速旅客機コンコルド（Concorde）などがあります。ダックスフォードにあるコンコルドは試作第３号機で、1971年に初飛行した機体とのこと。機内に入って見学できることが嬉しくて中に入ると室内の狭さに驚きました。英国から米国東海岸に３時間を切る時間で飛行する超音速機ということで1970年代の憧れの飛行機でしたが、この狭さでは閉所恐怖症の人はとても耐えられないだろうと実感しました。さらに、大砲や戦車、ジープなど陸上で使われたものも湾岸戦争時代までのコレクションがたくさんあります。

　ダックスフォードで感心したのは、ほとんど全ての展示品が実際に動ける状態になる完全なレストアと、その後のメンテナンス修繕が行われていることです。その様子は公開されていて、モノづくりが好きな人には垂涎（すいぜん）の光景といえるでしょう。実際に飛行できる、走行できる状態にすることを通して、先人の歩んだモノ造りの挑戦や工夫を今に学び伝えることができるので、どんなに技術が進歩していったとしても、その時々のベストといわれた機器の有様（ありさま）をきちんと理解して継承していくことが技術立国には必要なことだと感じました。

　ダックスフォードに特有の話ではありませんが、欧州では古いクルマをレストアして実用車として楽しく乗っている人たちが日本に比べればはるかに多く存在します。単なるノス

タルジーやセンチメンタル・バリューとして古いものが好きというだけではなく、その当時の息遣いを今に感じることの楽しみを知る人ならではの行為といえるでしょう。

◆ カーク・アベイ（Calke Abbey）

　カーク・アベイ（Calke Abbey）は、高速道路M1を北に向かって走り、ジャンクション22で降りてA511を西へ走り、シェルブルック（Shellbrook）の町からB5006を北へしばらく走ると田園地帯の中にひっそりとたたずむ姿が現れます。

　このあたりの敷地は12世紀から教会の所有地だったとのことですが、幾多の変遷を経て、17世紀にヘンリー・ハーパー初代准男爵（Sir Henry Harpur, 1st Baronet）が購入し、1985年にナショナル・トラストに移管されるまでハーパー家（The Harpurs）が居住してきました。

　この屋敷は、18世紀初めに建造されたバロック風の大邸宅です。ナショナル・トラストが管理する他の屋敷と違うのは、ここに住んだ第10代准男爵のバウンシー・ハーパー・クルー（Sir Vauncey Harpur-Crewe, 10th Baronet）が情熱を注いで収集した自然の標本に満ちていることです。野鳥、鳥の卵、蝶、蛾などが部屋を覆うばかりに大量に残されています。

　バウンシーはパブリックスクールや大学に通うことなく、自宅で教育を受けたとのことです。対人コミュニケーションは苦手で、使用人や家族との会話も筆記で伝えたといわれて

います。彼は、屋敷と庭園を自然の楽園の状態に保つことにこだわり、1924年に死去するまで電気を引くこともなく生活していたということです。

そういう変わり者の当主が暮らした時の状態をほぼそのまま残した姿でナショナル・トラストが管理していることもあり、屋敷の中は標本たちの死の世界がこれでもかというばかりに広がっています。鳥肌が立つような不気味な気配に満ちています。その不気味さを払拭するべく、庭に出てみました。背が高く伸びたままの芝草が生い茂る庭越しに見る屋敷は、やはり妖気が漂う不思議な姿を見せたままです。まるで時間が止まって、バウンシーの生きていた時代の息遣いが感じられるような、なんとも奇妙な体験ができる場所なのです。

◆ ケドレストン・ホール（Kedleston Hall）

カーク・アベイを出て北に向かって走るとすぐにダービー（Derby）の町に着きます。町の北側にあるダービー大学（University of Derby）を横に眺めながらケドレストン・ロード（Kedleston Road）を北へ進むと間もなくケドレストン・ホール（Kedleston Hall）に向かう道に入り、この屋敷に到着します。

ケドレストンの周辺は、カーソン家（The Curzon Family）が12世紀以来所有し続けている土地で、この屋敷は18世紀後半にナサニエル・カーソン男爵（Nathaniel Curzon, 1st

Baron Scarsdale）が建てたものです。現在はナショナル・トラストが管理しています。屋敷の公開されている部屋に入るとその豪壮さに驚きます。マーブル・ホール（Marble Hall）と呼ばれるホールの中は、大理石の床、コリント様式の20本のアラバスターの柱が四方を囲む造りで、まるでギリシャの神殿のようです。この場所では、必ず感動の溜め息が出るのです。その突き当たりにサロン（Saloon）があり、サロンの屋根は大きな丸天井で、ローマのパンテオン（Pantheon）を真似た造りをしています。このホールとサロンを囲むようにして、素晴らしい内装と調度品にあふれた部屋が左右にそれぞれ3部屋続く造りをしています。溜息が出るほどの上質な空間です。

　庭も広大です。隣にはゴルフコースもあります。さすがにこれだけの規模の屋敷と土地を維持するのは桁外れな費用が掛かることには違いなく、ナショナル・トラストへ譲渡して保存・管理・公開するとともに、カーソン家の当代家族も屋敷の一部エリアに居住していることは貴重な建物と庭園を守り続けて後世に伝えていくための賢明な判断といえるでしょう。

◆ ノーフォーク・ラベンダー（Norfolk Lavender）
　紫色と緑色の組み合わせからなる美しい花といえば、ラベンダーがあります。

英国には、ノーフォーク・ラベンダー（Norfolk Lavender）という1932年創業で、今や100エーカー（40.5ヘクタール、約12万坪）以上の規模でラベンダーの栽培、加工、販売をしている会社があります。その場所へは、ミルトン・マルソー村からノーサンプトンを経てA45を北東へ走るとA45はやがてA605となり、ピータバラ（Peterborough）を過ぎてからA47を東へキングス・リン（King's Lynn）の町を抜け、A149を走るとまもなく到着します。約150kmの距離で、運転時間は2時間ほどです。

　このノーフォーク・ラベンダーに着く手前にサンドリンガム（Sandringham）があります。これは英国王室のプライベートな離宮であり、現在も使われていますが、一般公開されています。その風格と宮殿の所蔵品の素晴らしさは別格のものです。サンドリンガムを拝観してからラベンダー畑へ行くのが効率的でお勧めです。

　ノーフォーク・ラベンダーでラベンダーが咲く盛りの時期は7月です。大規模に広がるラベンダー畑が紫色の花で満開になる時期は圧巻で、ラベンダーの香りに満ちた空間にいるだけで心身の癒やしになります。ノーフォーク・ラベンダー社の資料によれば、250kgのラベンダーを入れた蒸留器から500mlのエッセンシャルオイルを1時間で抽出することができるとのことです。

　この抽出したラベンダーオイルなどを利用したお土産製品

も多彩で楽しいものがあります。香水や化粧品、入浴剤はもとより、芳香剤入りのろうそく、キッチン用品、ジャム、ビール、ジンなどいろいろな用途を開発済みなのです。ラベンダー好きの人にはぜひ訪れてもらいたい場所だと思います。

2. 海にヨーロッパ大陸を望むイングランド南部

ロンドンから南の地域を時計回りにドライブして巡ってみました。イングランド中部と比較すると、南部の各地は、より陽の光を明るく感じ、海に近いこともあり、風の香りも違うことに気がつきます。

◆ ドーバー・キャッスル（Dover Castle）

ドーバー・キャッスル（Dover Castle）は、イングリッシュ・ヘリテッジ（English Heritage）が管理しています。イングリッシュ・ヘリテッジは、400超の歴史的に価値ある建築物やモニュメントを保存・修復・管理し、会員になると無料で対象施設を見学できるので、ナショナル・トラストと並んで英国滞在期間を長く取れて歴史に興味のある人は加入してその特典をフル活用することをお勧めします。

ドーバー・キャッスルへはロンドンから4時の方向へA20を走っていくとそのまま高速道路M20に合流し、フォークストン（Folkestone）の町で再びA20となってドーバーが終

点となります。ロンドンからドーバーまでは約110kmの走行距離です。もうすぐドーバーに着く頃だと思いながらA20を走っていると海にそそり立つ白い崖が見えてくるはずと思いきや、道路はドーバー・フォークストン・ヘリッテッジ・コースト（Dover Folkestone Heritage Coast）と呼ばれる景勝地と並行して山側を走っているため、白い崖はなかなか見えてきません。そのうちにドーバーの町に入り、白い崖の上に建つドーバー・キャッスルに気がつくのです。

　城は、南にドーバー海峡の海を望む白い崖があり、北、東、西はドーバーの街を見下ろす丘の上に建っています。ちょうど北を頂点、南を底辺とする二等辺三角形に近い敷地を占めています。城の真ん中あたりにローマ時代の灯台の基盤に積み重ねて作られた塔と、それに隣接する11世紀のアングロ・サクソン・チャーチ（Anglo-Saxson Church）がノルマンディー公ウィリアムの英国征服以前の建築物として残っています。一番目立つ建物は城の本丸（Keep）で、1180年代にヘンリー2世の命により建築されたとのことです。ロンドン塔に似た立方体の建物です。本丸の周囲をぐるりと壁が囲い、さらにその外側を外壁が囲む構造は要塞として完成された姿のように見えますが、現在の姿になるまでには城の攻防を巡って実際に戦闘が行われた歴史があるのです。この12世紀末から13世紀のドーバーを巡る英国史を少しばかり紐解いてみた上で、ドーバー・キャッスルの戦いについて触れてみよう

と思います。

　ヘンリー2世は、フランスのアンジュー伯アンリであり、英国においてウィリアム征服王以来のノルマン朝が途絶えたのちにヘンリー2世として即位し、プランタジネット朝の祖となった王です。ヘンリー2世は、相続によりフランスのノルマンディーとアンジューを受領し、アキテーヌのエレノア（Eleanor of Aquitaine）と結婚したことでフランスのアキテーヌ地方を領有し、その後イングランドの国王としてイングランドも領有したことで、英国からフランスの西側ほぼ半分を版図とする大帝国の王となりました。

　ヘンリー2世の妻エレノアは、先にフランス国王ルイ7世との結婚では娘二人を授かったものの跡継ぎの男子に恵まれなかったことや、ルイ7世に同行して参加した第2回十字軍の戦いでルイ7世の軍事的手腕のなさに愛想をつかしたこともあってか、フランスに帰国した後にルイ7世と離婚してまもなくヘンリー2世と結婚したといういきさつがあります。エレノアは、ヘンリー2世との間に8人の子をなし、1204年に82歳で亡くなるまで英国政治に影響力を行使した人です。ヘンリー2世が子どもの面倒を見ることなく、あちらこちらへ転戦していることもあり、ヘンリー2世との仲に亀裂が生じたエレノアは、アキテーヌに子ども二人を連れて帰ってしまいました。そのエレノアのもとへ、ヘンリー2世と不仲に

なった息子でもう一人のヘンリーが合流し、子ども3人がヘンリー2世に反乱を起こしますが失敗し、エレノアはこの後ヘンリー2世が死去する1189年までの15年間を英国のいくつかの場所で軟禁状態の生活を送ることになりました。

1189年に英国国王に即位したリチャード1世（Richard the Lionheart）は、エレノアの息子で、即位とともに母を軟禁から解放して国政に関与させました。自身が第3回十字軍の遠征に参加するなど戦争に注力することができたのもエレノアが支援していたからこそです。

1199年に戦闘中に受けた矢傷がもとでリチャード1世は亡くなり、その後をこれもまたエレノアの息子のジョン（John the Lackland）が英国国王に即位しますが、これを不満とするジョンの兄ジェフリーの息子アーサーがブルターニュ公になっていたことから、フランス国王フィリップ2世がアーサーをそそのかしてジョンと争わせることになります。王位を巡る争いでしたが、英仏両国にまたがる領地を所有している諸侯がどちらに味方するかが入り乱れ、英国のプランタジネット家とフランスのカペー家の熾烈な争いが始まっていきます。

1203年の戦いではジョンが勝利するものの、1204年にはフィリップ2世によってジョンは戦いに敗れ、ノルマンディーを失うことになりました。その報復戦が続き、1214年にジョンはフランスに渡って戦いますが、敗戦を喫してしまい

ます。ジョンは英国に逃げ帰った後に従軍しなかった貴族たちから兵役免除税を徴収しようとした暴政などが諸侯の反発を招き、諸侯の要求事項に応じた文書としてマグナ・カルタ（The Great Charter, Magna Carta）を発行せざるを得なくなったのです。

　ジョンは、マグナ・カルタの約定を守ることなく破棄したため、諸侯はフランスのフィリップ2世の長男ルイ王太子（後のルイ8世）の支援を要請したことから、フランス軍が英国に進軍し、ドーバー・キャッスルの包囲戦が1216年に発生することになります。この包囲戦では、ルイ王太子軍が北側を重点的に攻撃し、城壁の下に穴を掘って火をかけ、上にある城壁を崩落させるという当時の城攻めの常套手段の戦闘を展開したとのことです。この他にも多くの弓矢が飛び交い、投石器で重さ10kg〜20kgの石を大量に投げこんだりしたことでしょう。それでも城の守備隊は持ちこたえて敵を撃退したといわれています。その後、北側城壁はさらに強化して再構築され、現在の姿になったとのことです。

　ドーバー・キャッスルのような石造りの城の作り方は、欧州大陸から伝わったものです。それまで英国に存在していた築城様式はモット・アンド・ベイリー（Motte-and-Bailey）と呼ばれ、堀を掘った時に出た土砂を積み上げて丘を築き、その上に木製の櫓や砦を作る比較的短期間に構築できる城でした。一方、ノルマン・コンクウェスト以降、ウィリアム1世

をはじめ歴代ノルマン朝の王たちが招聘した建築士たちにより急速に普及した築城様式が、石造りの城なのです。実戦経験があり、廃城となることもなく現存するドーバー・キャッスルは12世紀からの歴史に思いをはせる場所が豊富にある見ごたえある名所といえるでしょう。

◆ ヘースティングズ（Hastings）

　ドーバーから西へ走ること90kmほどで、ヘースティングズ（Hastings）の街に着きます。世界史上の重要事件として1066年のヘースティングズの戦い（Battle of Hastings）を誰しも覚えていることと思います。ノルマンディー公ウィリアムがこの戦いで英国のハロルドを敗死させ、その後の英国征服を急スピードで進めるきっかけとなった事件です。

　英国史が好きな人には、この一部始終をタピストリーで描いたバイユーのタピストリー（The Bayeux Tapestry）に興味のある人も多いことでしょう。私はこのタピストリーの現物をまだ見る機会がなく、書物による写真でしか物語の展開を把握していませんが、英国の先王エドワード（Edward the Confessor）の死から王位継承の話、ハロルドの王位簒奪、ウィリアムの英国遠征決心、遠征の準備、英国上陸、戦闘開始、ハロルドの死、ハロルド軍の敗走に至るまでの起承転結をはっきりと示した非常によくできた刺繍の絵巻物です。

　ノルマンディーのバイユーのタピストリー博物館（The

Musée de la Tapisserie de Bayeux）に展示されているので、見に行こうと思っています。そんなワクワクとはやる気持ちを抑えつつ、どこが古戦場だろうかと街中を走ったところで何も出くわしません。街から北へ10kmほどあるバトル（Battle）と名付けられた村の周囲に広がる草原地帯が古戦場であり、ハロルドが死んだ場所あたりにウィリアム1世の命で修道院が築かれたということです。私たちは古戦場に長居する余裕がなかったので、ヘースティングズはさっさと切り上げて、ワイト島を目指してさらに西へとクルマを走らせたのです。

◆ ブライトン、ロイヤル・パビリオン（Brighton, Royal Pavilion）

　ヘースティングズから南海岸を西へ向かってA259を走り、A27と合流するので、A27を西へ向かいます。A27がA270と分岐するところでA270に入り、そのまま南へ走るとブライトン（Brighton）の町に着きます。約40km、運転時間は1時間ほどです。

　ブライトンの町はすぐ南側を砂浜ではなく茶色の小石がごろごろしている海岸に面しています。海岸から海へと突き出たブライトン・パレス・ピア（Brighton Palace Pier）には、時代を感じさせる年代物の遊園地があり、人々がゆったり歩いて楽しんでいます。この海岸から海を背にして左右に広がるブライトンの町を眺めてみると、18世紀から19世紀のにぎやかさを詰め込んだジオラマのような風景が広がっている

気がします。1750年に論文を発表し、健康医療療法として海水浴を勧めた医師のリチャード・ラッセル（Richard Russell）は、海水浴療法のブームを引き起こし、その勢いに乗って自分の診療所もブライトンの現在は海岸沿いのロイヤル・アルビオン・ホテル（Royal Albion Hotel）の建つ場所に移して事業を大繁盛させたとのことです。わずかな人口のひなびた漁村だったブライトンが観光地に変身を遂げたきっかけは、海水浴ブームと19世紀半ばに開通した鉄道がロンドンとブライトンをつないだことの影響が大きいといえましょう。

ブライトンの町のほぼ真ん中あたりにロイヤル・パビリオン（Royal Pavilion）があります。この建物は、ジョージ4世（George Ⅳ）が皇太子時代の18世紀末に最初に建てられたものを19世紀初めにインド・イスラム建築様式（Indo-Islamic Architecture）に改築したものです。その外観はインド建築に見られる玉ねぎのような屋根、イスラム風の尖塔や細密な壁などに覆われていて、英国に出現した異国のパビリオンを思わせます。

建物の中もインドと中国のデザインを取り入れ、ところどころにある柱の天井部先頭にはヤシの葉があしらわれたエキゾチックな雰囲気にあふれています。贅沢な浪費家だったジョージ4世がこの場所でどれだけ大規模な騒ぎをしたのか想像するに難くないでしょう。

ロイヤル・パビリオンやブライトンの喧騒を嫌ったビクトリア女王（Queen Victoria）は、1850年にロイヤル・パビリ

オンをブライトン市に売却し、その売却資金をワイト島のオズボーン・ハウスの建築に充当することにより、より静かな環境の中で王室ファミリーの別荘生活を楽しむことになったことにつながるのです。

ロイヤル・パビリオンは、現代のブライトン観光でも目玉の場所です。一通り建物を見終わったら、売店を見て回るのが何より楽しいです。ロイヤル・パビリオンならではのユニークな装飾をコピーした小物から、ジョージアン・スタイルの家具のコピーまで思わず欲しくなる商品を取り揃えています。家具まで販売のメニューに加えている売店はなかなか存在しないので、興味のある方にはお勧めです。

ブライトンの町には、1872年（明治5年）7月17日に日本から岩倉使節団一行が訪問しました。幕末に欧米列強国と締結した不平等条約改訂の事前交渉のために米欧を回った岩倉具視を正使とする一行のうち誰がこのブライトン行に参加したのかは『米欧回覧実記』に記載がありませんが、少なくとも著者の久米邦武は参加していたのでしょう。当日、一行は駐日英国公使ハリー・パークス（Sir Harry Smith Parkes）の引率でロンドンのビクトリア駅から汽車でブライトンまで行き、市長の出迎えを受けた後、市内を巡ります。博物館を見学し、次に訪問した学校では、地理学の講義時間に久米が東京の話をしたそうです。そして、海岸の風景を見て回った後

に水族館を見学し、市長宅で昼の饗応を受け、汽車でロンドンに夕方着で帰ったと『米欧回覧実記』に記載されています。当時、ブライトン市が所有していたロイヤル・パビリオンを見学していないのはなぜなのか不明です。

　ブライトンの町は、ひなびた漁村から海水浴の保養地となり、鉄道の駅が建設されたことにより別荘やホテルが建ち並び、著名人が集まる一大観光地に変化しましたが、日本の神奈川県大磯でも同じことが起きています。

　1885年（明治18年）『海水浴法概説』を著した初代陸軍軍医総監の松本順は、門下生の大磯の医師らの尽力を得て大磯に海水浴場開設を実現し、伊藤博文に働きかけて1887年（明治20年）に鉄道の大磯駅を開業させました。岩倉使節団メンバーとして訪英していた伊藤博文もブライトン訪問時に現場を見ていたとすれば、この松本順の話を理解してすんなり協力したであろうことも想像できます。

　以来、大磯は海水浴でにぎわい、政財界の著名人の邸宅が建ち並ぶ活気ある町に変貌していったのです。現在の大磯はブライトンと比較して保養地を兼ねた観光地としての地位ではだいぶ劣るものがありますが、発展の経緯が似ていることは注目に値するといえるでしょう。

　ドーバー海峡を隔てて対岸はフランスやオランダになりますが、英国側は真っ白な岩壁がそそり立っています。ドーバーの白い崖です。その絶景はかなり長い距離で続いているのですが、実際に近くで崖の様子を見るにはワイト島（Isle of Wight）に渡ると絶景ポイントに行くことができます。

　ワイト島へは、ポーツマス（Portsmouth）からクルマが載るフェリーに揺られて40分ほどでフィッシュボーン（Fishbourne）に到着します。島に上陸したら、まず向かうべきはオズボーン・ハウス（Osborne House）です。フィッシュボーンのカーフェリー・ターミナルから10kmほどの距離にあるので、クルマですぐに到着します。

　オズボーン・ハウスは現在イングリッシュ・ヘリテッジが管理しています。もともとは、1845年に英国ビクトリア女王と夫のプリンス・アルバートが公務を離れて家族で過ごす場所として建てられた王室のプライベートな居館です。毎年100日程度をこの場所で家族たちと過ごしたビクトリア女王は1901年に81歳でこの場所で逝去されました。そのベッドが現在も女王の寝室（Queen's Bedroom）にあり、実際に見ることができます。

　ビクトリア女王はインドの女王でもあったため、オズボーン・ハウスには19世紀末のインド趣味を反映した部屋や、

インド関連の彫刻や肖像画が飾られています。大英帝国の華やかなりし時代の威風を感じさせるのです。王室メンバーや賓客たちでにぎわった時は今やすでに遠い昔の出来事であり、今日のオズボーン・ハウスには活気や生気がありません。調度品や収集品に優れたものがあるものの、そこに生き生きとした力を感じることはできません。なにかしら抜け殻のような博物館を思わせる王室別荘です。それでもここに飾られた多くの肖像画から感じられるのは、ビクトリア女王とプリンス・アルバートの相思相愛の良き関係と、子どもや孫たちとの温かい触れ合いのある英国王室の幸せな風景です。19世紀の帝国主義最盛期の時代にあって、公務では心労も激しい思いをしたはずのビクトリア女王にとって、安らぎの場所であったことを知ると、家族の大切さをひとしお気づかせてくれるのです。

　オズボーン・ハウスを離れて反時計回りにぐるりと島を半分ほど巡ると、島の西端にあるニードルズ（The Needles）と呼ばれる3つ4つの大岩が並び立つ場所に出ます。最先端の岩の上には灯台が設置されています。ここは、石灰岩の白い崖の様子がよく見えます。海からの強い潮風に草がなびいている草原にある整備された遊歩道を少しばかり歩くと、浜に降りるリフトがあります。スキー場にあるリフトと同じタイプの作りで、二人掛けでどんどん浜へと降りていけます。浜

に到着すると、そこは砂浜ではなく、卵の大きさくらいある茶色の小石がごろごろしている浜です。英国南海岸沿いは、白砂青松<ruby>白砂青松<rt>はくしゃせいしょう</rt></ruby>のような景色はなく、黄色や茶色の小石に満ちた海岸が多いのです。この場所も小石だらけの浜ですが、目の前に広がるニードルズの大岩の並び具合や白い崖とのコントラストは絵になる美しさです。ひとしきり眺めて帰る途中のお土産屋でニードルズの置物を買い求めたのは当然の流れでした。

◆ ビューリーパレス・ハウス、自動車博物館
（Beaulieu Palace House, National Motor Museum）

　ワイト島に渡る前に（渡った後でもよいですが）訪ねておきたい場所が、ビューリーのパレス・ハウスと自動車博物館です（Beaulieu Palace House, National Motor Museum）。

　これは、ワイト島対岸のビューリー（Beaulieu）という村にあるモンタギュー男爵家（Baron Montagu Family）の屋敷と、その敷地内にある博物館です。私たちはワイト島へ行く前に立ち寄りました。最初に抱いていたイメージは、金持ちの貴族が道楽半分に始めたクルマ・コレクションだろうというもので、かなり軽い気持ちで訪れましたが、実際に見てみるといくつかの発見があったことが収穫でした。

　この自動車博物館の前身は1952年に当主のエドワード・モ

ンタギュー（Edward Montague, 3rd Baron Montagu of Beaulieu）が開園した英国初の自動車博物館で、1950 年代からコレクションを増やし続け、1967 年からクルマの部品や古いクルマを売買する自動車蚤の市オートジャンブル（Autojumble）を定期開催し始めたことで訪問客が増え、1972 年にナショナル・モーター・ミュージアム（National Motor Museum）として別棟を開設する運びとなりました。

　コレクションは多岐にわたります。自転車にモーターをつけただけのもの、馬車の客車に車輪をつけたような初期のものから、19 世紀の欧州車の数々、20 世紀の欧米のクルマ、オートバイ、F1 カー、耐久レース・カーなど歴史的価値のあるビンテージがごろごろしています。クルマ好きにはたまらない空間なのです。

　エドワード・モンタギューの偉大なところは、自動車博物館を成長させて雇用機会を生み、オートジャンブルを開催することで新たな人の往来を生み、ビジネスの創生をして地域の活性化に貢献しただけではありません。1973 年にヒストリック・ハウシズ・アソシエーション（Historic Houses Association）を立ち上げて会長として活動し、先祖から伝わる屋敷を個人で管理しながら会費を徴収して一般公開する、結婚式場、イベント会場、宿泊施設、映画撮影に提供するなどの方法で、公的資金注入に頼ることなく存続維持し続けることの価値を訴えて、相続遺産への高額な課税に反対する政治活動を展開

して成果を上げてきたことにあります。メンテナンスの費用だけでも膨大な金額を必要とする屋敷や広大な庭の管理は、富裕層とはいえ単独で賄うだけの余裕があり続けることではないので、持てる者たちが協力しあうとともに、一般に公開することを促進することで次世代に残していく取り組みをしているのです。

価値ある場所で芸術、音楽、スポーツ、祭りなどを開く地域密着イベントや、農業や農村生活の体験、敷地内の散策や競争のファン・ラン（Fun Run）、昔のコスチュームを着て往時を体験する歴史教育などを次々と提供することで、観光事業の育成にもつながる資産活用を英国全体に広めた効果は極めて大きいといえましょう。

こんなにも多くの歴史的に価値ある屋敷や庭が英国に存在するのかとあらためて驚きをもってその懐の深さを感じるとともに、似たような取り組みを日本でもやれないだろうかと思ったものです。もっとも、日本の場合には、守り残すべき個人の屋敷自体の数が少なく、スケールも小さい場合が多いのでしょうが、英国の取り組みを取り入れることで地域の誇りとなるとともに、オーナーが節税効果を上げる仕組みを作ることにリーダーシップを発揮する人もいないことが、やむを得ないこととはいえ残念でなりません。

◆ ヒーバー・キャッスル（Hever Castle）

　ヒーバー・キャッスル（Hever Castle）は、ノーサンプトンから高速道路M1を南へ下り、ロンドンの外環を循環する高速道路M25とちょうど交差したところでM25へ進み、時計回りに進んで5時の位置あたりにある分岐でA21を南へ進路を取り、しばらく走ってB2042に入り南下してボウ・ビーチ（Bough Beech）を目指していくと到着します。ノーサンプトンから180kmほどの距離なので、2時間半ほどの走行時間です。ロンドンとドーバーの間の距離からすると、ロンドンから3分の1くらいの距離です。

　ヒーバー・キャッスルの何がユニークかというと、その歴史とその後の再生についてです。もともと13世紀に城の一部は作られたのですが、15世紀にブーリン家（The Bullen Family）が取得し16世紀半ばまで所有することになります。このうち、16世紀初めの当主トーマス・ブーリン（Sir Thomas Bullen）は、駐フランス英国大使として勤務した後に英国に戻ることになりますが、その際連れて帰ったのが娘のアン・ブーリン（Anne Bullen）です。トーマス・ブーリンは時の国王ヘンリー8世の覚えめでたく伯爵に叙せられますが、そんな中でヘンリー8世がアン・ブーリンを好きになり強引に結婚しようとします。すでに王妃キャサリン（Catherine of Aragon）がいて、二人の間には将来のメアリー1世（Queen

Mary 1）となる娘のみが健在の状態でしたが、男子に恵まれなかったため、ヘンリー8世が別の女性を求めたのです。

　王妃キャサリンとの離婚は法王クレメント7世（Clement 7）と王妃キャサリンの甥である神聖ローマ皇帝（King Charles V of Spain）の承認を得られるはずもないため、ヘンリー8世は英国全土をローマ法王の教会管区から外して、自らを首長とする英国国教会（Church of England）を新設することで離婚を認める教義を作ってアン・ブーリンと1533年に結婚することになったのです。アン・ブーリンはのちにエリザベス1世（Queen Elizabeth 1）となる女子を産みますが、跡継ぎとなる男子に恵まれず、1536年にアン・ブーリンはロンドン塔内のタワー・グリーン（Tower Green）で斬首、失意の父トーマス・ブーリンは2年後に死去してしまいます。

　その後ヒーバー・キャッスルの主は転々とし、19世紀には廃墟同然となっていましたが、そこに登場したのが米国で財をなしたアスター家（The Astor Family）のウィリアム・ワルドルフ・アスター（William Waldorf Astor）でした。ウィリアム・ワルドルフの先祖はドイツから米国へ移民して貿易で大成功し、その子孫も政界や実業界で富を築いた家系です。

　ウィリアム・ワルドルフは、駐イタリア米国大使を務めた後、もはや米国に住むことよりは英国で自らの理想とする田園生活の実現を目指すことを実現するべく、1903年にヒーバー・キャッスルを購入し、さらに巨額の費用をかけてリフ

ォームし、造園をするとともに、隣接地に100室以上の宿泊可能な部屋を擁するチューダー朝時代の村（Tudor Village）を建設してゲストを歓待して楽しんだとのことです。すなわち、自分で中世の村とヒーバー・キャッスルを再生して出現させてしまったのです。なんというすさまじい執念と資金力でしょうか！

　我々一般の訪問客は、ヒーバー・キャッスルの本館と庭を見ることができますが、チューダー村へは立ち入ることはできません。ここは企業用などの特別予約で宿泊可能な施設として現在は利用されています。本館の内部は、ところどころに古い時代の名残をとどめるものの、ほとんど20世紀初頭のリフォームを施されて忠実に過去の時代の作りを見せている部屋になっています。もとより、買い集めた数々のコレクションや家具、絵画で満ちており、ヘンリー8世とアン・ブーリンの関係を表現した人形セットなどもあり、往時を偲ぶヒントを提供してくれています。英国国教会誕生のきっかけとなったアン・ブーリンが生活した屋敷と、一大富豪が自らの夢の実現をした中世の時代村という組み合わせを楽しめる面白い場所といえましょう。

3. 自然と歴史が息づくイングランド北部

　イングランド北部は、何といっても湖水地方が風光明媚で

素晴らしいことに異を唱える人はいないでしょう。その代表的な名所にビアトリクス・ポターの足跡を訪ねるとともに、さらに北上してイングランドとスコットランド境界のボーダーと呼ばれる地域でローマ時代からの紛争地帯で昔を偲んでみました。

◆ ヒル・トップ（Hill Top）

　高速道路M1をノーサンプトンから北に向かって走り、ラグビーの街を過ぎてジャンクション19から高速道路M6に入って西へ向かいます。コベントリー、バーミンガムを走り抜けると道路は北へ向かうことになります。ストーク・オン・トレント、マンチェスター、リバプール、プレストン、ランカスターなどを過ぎ、ジャンクション36でA590を西へと向かいます。まもなくA5074の案内が出ますから、これを北へと進路をとり、ウィンダミアを目指します。この区間の総走行距離は約330kmで、途中の休憩を入れたりすれば約4時間ほどです。

　ウィンダミアは、湖水地方国立公園（Lake District National Park）の玄関口のような町です。かねてからミルトン・マルソーの隣人M氏夫妻から、「風光明媚な湖水地方はぜひとも行くべし。とりわけニアソーリー（Near Sawrey）は、英国人の心の故郷なのだから」と何度も聞かされていたこともあって、それほど熱く語られるのであれば行っておかなければ不

義理になるとばかり、夏になる頃に出かけていったのです。

　A 5074 の道路は、すでに湖水地方を走る道路ですが、A 道路とはいえ片側 1 車線です。左右どちらも平らな牧草地が広がっているので、見通しは良く素晴らしい開放感のある田舎道がずっと続いています。ところどころ羊が草を食んでいます。ニアソーリーへ行くには、ウィンダミアの手前でウィンダミア湖を渡る必要があります。クルマを載せる渡し舟の平たいフェリーの待つ桟橋まで道路はつながっていて、そこから B 5285 となって対岸に続いています。フェリーにはクルマが 12 台ほど載せられ、約 10 分で対岸に着きます。クルマに乗ったまま湖水の様子を見ているうちに早くも到着するという具合です。それっとばかりに皆それぞれが続々とクルマを動かして上陸し、ニアソーリーを目指して走り始めます。B 5285 は少し幅の狭い片側 1 車線で、ところどころハイキングを楽しんでいる人や自転車に乗っている人に出くわすので、注意しながらクルマを走らせていきます。道路両脇はきれいに刈り込んだ生垣が続くところもあれば、きちんと石垣を積んだところもあり、見ているだけで清々しい気分になります。やがてヒル・トップ（Hill Top）に着きます。これが必見の場所といわれるビアトリクス・ポター（Beatrix Potter）が暮らした家なのです。

　ビアトリクス・ポターは、『ピーター・ラビットの物語（The

Tale of Peter Rabbit)』を代表作とする、動物たちが英国の田園地帯を舞台に活躍する挿絵入りの本を20作品以上発表して世界中で有名になった人物です。最初の本が1902年に出版され、その後1930年まで作品を発表し続けました。

　ビアトリクス・ポターが作家になった背景には、幼少期から絵を描くことを推奨されてきたことから絵の才能が早くから備わっていたことと、父がロンドンで弁護士をしていた厳格ながらも裕福な家庭で育ったことから、春に数週間、夏には3か月の間田舎で家を借りた長期滞在型の休暇を楽しむ機会が毎年可能であったためとのことです。

　ビアトリクス・ポター自身もこの地域の自然に惹かれ、いつの日か自分でもここに土地を持つと誓って著作活動に励み、1905年にレイクフィールドの近くにヒル・トップの家と農園を購入したのです。

　以来、ロンドンとヒル・トップとを行き来する中で、ヒル・トップ周辺の自然や動物たちを登場させる物語を次々に発表して大ヒットさせる人気作家となり、その印税収入を元手に農園の経営、土地の買収、家の増築を続けていきました。ピーター・ラビットのキャラクター商品開発と販売も開始し、英国はもとよりアメリカからの観光客がこぞってこの地域を訪ねるようになり、不動の人気を得ました。

　本人は牧羊や農場経営にも熱心に取り組み、ナショナル・トラストの共同創業者のハードウィック・ローンスリー

（Hardwicke Rawnsley）との親交を通して美しい自然の風景を乱開発されることなく後世に残す取り組みに賛同し、自らの死後はほとんどの土地・屋敷をナショナル・トラストに寄贈するとの遺言を残して1943年に77歳で死去しました。

　ビアトリクス・ポターの自然や動植物を愛する優しい心は、本人の創作する物語や絵によく表れています。ピーター・ラビットの物語をあらかじめ読んだ上で現地を訪れると、そのストーリー展開や挿絵のヒントになった場所がいくつか特定できるのでとても楽しいのです。

　彼女の成功に至るカギは、自然への深い慈しみと感謝の心、動植物をじっくり細かいところまで観察する好奇心、オリジナルの物語を作り連続派生的に発展させていく創造力、精緻で表情豊かな絵を描いて表現する能力、動物を愛し、育て、農場経営事業を持続させる手腕、美しい自然を永久に残しておきたいという強い意志などを同時に兼ね備えたことにあると思います。それらをマネすることは難しいでしょうが、人生を豊かなものにするために自然の中で楽しく暮らすことに役立つ要素は、彼女の生き様の中から学び取れるはずです。

◆ ハドリアヌスの長城（Hadrian's Wall）

　ハドリアヌスの長城（Hadrian's Wall）は、イングランドのボーダーといわれる地帯に、東はウォールズエンド・オン・

ザ・リバー・タイン（Wallsend on the river Tyne）から西はボウネス・オン・ザ・ソルウェイ・ファース（Bowness on the Solway Firth）に至る117kmの間を石造りの長い城壁でつないでいます。これは、ローマ帝国皇帝のハドリアヌス帝の命により紀元120年代に建設された英国最大のローマ時代の遺跡です。

　私は高校世界史の授業でもその写真を見ていたことから、スコットランド周遊の旅ではこの長城がどんなものなのか確認することが一つの目的であり楽しみでした。我々はミルトン・マルソーを出てから時計回りにスコットランドをドライブしながら巡ったので、長城はエディンバラからA1を南下してニューカッスル（Newcastle upon Tyne）からA69を西へと向かい、ハルトウィスル（Haltwhistle）の町を目指しました。

　この町から北側へ少しクルマを走らせたところに東西に広がる長城の遺跡が点在しています。周囲は牧草地として使われている場所がほとんどで、見晴らしの良い景色が広がっています。ローマ時代の昔は高く築かれた壁も今となっては高さ1メートルから1.5メートルほどの石垣の壁が残っているばかりですが、小山を盛り上げて連なるうねうねした土手の上を這うようにずっと続いている壁の姿は、蛮族の来襲から国土を守ろうとする力強い意志を感じさせるものがあります。写真で見るよりもずっと迫力があり感動しました。ところどころ滅失してはいるものの、高い塀や塔がそびえたっていた

往時の姿を想像してみると、人工的な建築物で国境を作り上げたローマ時代の人たちのスケールの大きさが偲ばれます。

　イングリッシュ・ヘリテッジが保存管理しているので、できる限り自然の姿を残しています。壁の上は崩れた石がむき出しになっているので、そこを歩いたりすることもできます。長い年月の間に壁の石材は建築用資材として使われてしまったとのことで、教会や家屋、放牧地の境界壁などに転用されているようです。この長城を建設したのはローマ軍の兵士たちであり、奴隷の労働によるものではないとのことです。ただの長い壁だけではなく、1マイル（約1.6km）ごとにマイルキャッスル（Milecastle）と呼ばれる物見の塔があり、何か所もの要塞の跡も残っています。兵士たちは壁や塔や要塞を建設し、そこで生活していたのです。紀元2世紀には北から侵入する部族との争いがあり、紀元3世紀にはピクト族（Picts）の侵入がありましたが、紀元5世紀にはローマ帝国の北の守りという位置付けは薄れるとともに、駐屯地で暮らしていた兵士たちも農業従事者や盗人になったり、どこか他の場所へ移動したりして長城は打ち捨てられて石材供給の役割をするようになったとのことです。

　壁を建設して異民族や敵から領土を守ることに心血を注ぐことは人間の変わることのない行動として世界中で時代を超えて見ることができるでしょう。中国の万里の長城、東西ベ

ルリンを区分した冷戦時代の壁、イスラエルとパレスチナを隔てる壁、米国とメキシコの間に作られた鉄の壁などがそれらの事例です。個人のレベルでも、英国の牧草地を区切る石垣や、洋の東西を問わず富豪の屋敷や別荘を取り囲む高い塀も、あちらとこちらの領地や生活領域をきっちり分けて安心したいという心理から生まれていて、なくなることはないのでしょう。

◆ カーライル城（Carlisle Castle）

　カーライル城（Carlisle Castle）は、イングランドとスコットランドの境界を象徴したハドリアヌスの長城（Hadrian's Wall）の西端の街、カーライルのほぼ真ん中に位置しています。ミルトン・マルソーからカーライル城へは、高速道路M1を北上し、ジャンクション53でA66に入り、西北へしばらく走り、ペンリス（Penrith）の街で高速道路M6につながるので、それを北上すると到達します。走行距離は約400km、5時間ほどのドライブになります。さすがに日帰りではゆっくり見て回ることはできない距離にあるので、我々はスコットランド周遊の日程を組んでその中の一つとしてカーライル城を巡ることにしました。

　1122年に城の本丸の建築を着工したのはヘンリー1世です。城はその後、スコットランド王のデビッド1世（David Ⅰ）

が占有し、後継者であるマルコム4世（Malcolm IV）の時代にイングランドのヘンリー2世（Henry II）が取得して以降イングランド王領となり、12世紀から18世紀までの間に何度も実戦の舞台となりました。

　全体が石造りの城と周囲の外壁は、赤いレンガ色をしています。それぞれの時代ごとに必要な増改築が行われているので、敷地内の広場の周りには19世紀や20世紀の建物も混在しています。現在はイングリッシュ・ヘリテッジ（English Heritage）が保存管理していて、その状態は非常に良いといえるでしょう。

　もっとも、城は本丸がノルマン時代のシンプルな四角い箱のような造りで、周辺の外壁や塔もごてごてした装飾などはなく実戦的に作られているので、じっくり鑑賞するような注目に値するところは少なく、ぶらぶら歩いていると見終わってしまいます。16世紀にクイーン・メアリー（Queen Mary）が幽閉されていたとされる塔は、その基礎の部分を一部残しているだけの状態で、昔の姿を思い浮かべることはできません。英国の歴史に登場することはたびたびあったものの、実際に訪れてみると大きな赤い石の城という印象しか残らない場所です。

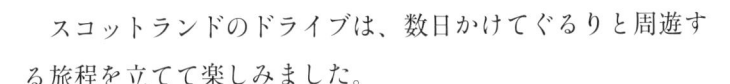

4. スコットランドとウェールズ

スコットランドのドライブは、数日かけてぐるりと周遊する旅程を立てて楽しみました。

ウェールズは、いくつか訪ねた中で最も印象的な庭のある場所をお勧めしています。

◆ **マル島**（Isle of Mull）

スコットランドへの旅の中で印象的だった場所の一つがマル島（Isle of Mull）です。

この島へは、オーバン（Oban）から島の北部のトバモリー（Tobermory）と南部のクレイグニュア（Craignure）へカーフェリーで行くことができます。我々はB&Bの宿を島の南部に予約していたため、クレイグニュア行きのカーフェリーに乗りました。40分ほどで島に到着します。

カーフェリーからクルマで上陸したものの、周辺に取り立ててめぼしいところはなく、レストランも見当たらなかったので、桟橋から近くにあったパブに入って腹ごしらえをすることにしました。メニューに書くほど料理の種類もなく、やむを得ずハンバーガーを注文して食べましたが、びっくりするほどまずかったのです。米国大手M社の一番安いハンバーガーの味が素晴らしく思えるほどでした。フライドポテトがかろうじて合格水準の味でした。これから数日間の食事事

情に不安をちょっと覚えつつ、島の南西の方角にあるB&Bの宿に向けてクルマを走らせました。

　2kmほど走ると左手にトローゼイ城（Torosay Castle）があるので立ち寄ることにしました。19世紀半ばに建てられたスコティッシュ・バローニアル・スタイル（Scottish Baronial Style）の城です。この様式は、ビクトリア朝時代に英国で盛んになったネオ・ゴシック（Neo-Gothic）の一つで、中世の城を懐かしむかのようにコーン・ルーフ（Cone Roof）と呼ばれる丸屋根が先端についた塔がいくつか並び建っていたりします。トローゼイ城は、建物の中は特にこれはというところはありませんが、庭が見事です。広い芝生エリアを取り巻くように城の壁のふもとを飾る色とりどりの花や植物が無造作に植えてあるように見えて、実はきれいに調和しているのです。

　ひとしきり草花をめでた後で、クルマに戻ってドライブを再開しました。島の田舎道の運転は簡単で、A849をひたすら道沿いにまっすぐ南西へ向かって走るだけです。周囲は一面の草地が広がり、ところどころ岩がむき出しになった小さな丘も見えますが、ひたすら草地が続きます。イングランドでよく見る手入れされた牧草地の景色とは違って、羊をあまり見ません。

　この道は、クレイグニュア周辺では片側1車線の道幅があ

るものの、やがて対面の1車線になってそのままずっとこの状態が続きます。しかしながら、さすが英国だと思わせるのは、そのように狭い1車線道路には、ところどころ道路の片側にパッシング・プレイス（Passing Place）と書いた看板が立っていて、車が対向車をやり過ごすことができるスペースが確保されていることです。そのスペースは細長い場合が多く、大型車が止まるときも大丈夫です。時折対向車と出くわすことがありましたが、パッシング・プレイスの近くを走るほうが待っていて、相手をやり過ごすというマナーを誰もが守っています。今度は自分が待つ番だというときには、パッシング・プレイスで待っていると、相手はにこやかに手を振るので笑顔を交わしあいます。これが頻繁に起きると面倒に思うかもしれませんが、なにせクルマの往来が多いわけではない場所なので、たまに行き交うクルマに出会うと安心すら覚えたものです。

　ブネッサン（Bunessan）という村で左折してしばらく行くと、予約していたB＆Bの宿に到着しました。周りは一面の草地です。他には何もありません。このあたりには羊も飼われているらしく、道路の周囲を羊たちがのそのそ歩いています。宿はアットホームでこぢんまりした快適なB＆Bでした。何をするともなくぼうっと過ごすにはもってこいの場所です。

　さらに西へと進めばアイオナ島（Iona）がすぐ目の前にあったのですが、そこへは行かずじまいで少し遠回りして島を

離れるべく、翌日はA849を北上してトバモリー（Tobermory）へとクルマを走らせました。A849はサレン（Salen）の村でA848と名前を変えますが、同じ造りで続いています。トバモリーにマル島唯一のウイスキー醸造所があります。シングルモルトの「トバモリー」という名のウイスキーで、島を出た後で飲んでみたのですが、ヨードの香りは比較的少なく、軽くとがった味がします。その醸造所には寄らずに、トバモリー発のカーフェリーに乗って島を出ることにしました。

◆ ネス湖 （Loch Ness）

　ネス湖のネッシーは、英国ではロッホ・ネス・モンスター（Loch Ness Monster）と呼ばれています。あの有名な写真で大騒ぎになったのですが、実際に海洋生物がいたのか否かをあまり真剣に考えている人は少ないようで、単なる観光地になって人々を引き付けています。

　ネス湖は南西のフォート・アウグストゥス（Fort Augustus）の町から北東のインヴァネス（Inverness）の町へと流れ出る淡水湖で、長さ37kmの細長い形をしています。湖の北側をA82が貫いて走っています。片側1車線ですが、ところどころビューポイントとして駐車スペースがある道路なので、湖を見ながら快適なドライブが楽しめます。

　湖沿いの中ほどでA82を少し湖側へ進むとアーカート城（Urquhart Castle）があります。13世紀に建てられた城ですが、

17世紀に破壊されてしまい、現在残るのは城壁や塔の一部だけです。ただ、この城の廃墟から見るネス湖は美しく、城と湖を一緒に捉える光景はいくつかのコマーシャルでも使われたものです。我々が訪ねた時、ちょうどスコットランドの民族服をまとった人物が一人アーカート城の塔に立ってバグパイプの演奏をしていたので、より一層スコットランドらしさを感じさせる演出に出くわすことができたのが幸いでした。

　城を離れてA82に戻って北上すると、道路沿いには土産物屋があって大きなネッシーの像があったりしますが、日本の観光地にあるような猫も杓子も似たような民芸品、ぬいぐるみ、おもちゃ、まんじゅうだらけという店が立ち並んでいるわけではありません。それでもインチキ臭いのは、商魂たくましいのでやむなしとするところです。もう一度クルマを停めて湖畔まで歩いていき、小さく波打つ湖岸に降り立ったところで、子どもたちがネス湖の水をミニチュアボトルに採取して自分の土産にして持ち帰ることにしました。良いアイデアで、なかなか面白い記念品になりました。

◆ ポウィス・キャッスル・アンド・ガーデン
（Powis Castle and Garden）

　ポウィス・キャッスル・アンド・ガーデン（Powis Castle and Garden）は、ウェールズのウェルシュ・プール（Welshpool）という町の近くにあります。我々の住むミルトン・コートか

ら直行するには北西の方向へ走り、バーミンガム（Birmingham）からシュルースベリー（Shrewsbury）を経る約200kmの距離、約2時間30分の走行時間です。我々が訪問したのは英国南部を周遊してノーサンプトンシャーへ戻る途中に初めてウェールズを通った時のことです。

ウェールズではゲール語も併用されているため、道路標識は英語とゲール語が併記されています。ゲール語はクルマを走らせている時に目に入ったとしても何と書いてあるのかすぐには読み取れないため、いらいらしたものです。ウェールズはイングランドと少し風景が似ています。うねうねと田園地帯が続いているのはほとんど同じなのですが、ところどころ小高い山、あるいは大きな丘があるところが違っています。そのウェールズにある素晴らしい庭園がポウィス・キャッスル・アンド・ガーデンです。

現在、ナショナル・トラストが城と庭を管理しています。城の起源は13世紀にさかのぼり、ウェールズ内での争いの歴史の中で築かれたといわれています。16世紀に城と庭をハーバート家（The Herbert Family）が購入し、20世紀にナショナル・トラストに移管するまで所有し続けたのです。

レンガ色をした赤い石で作られた城は、両端に大きな塔を持ち、真横から見るとあたかも航空母艦の艦橋（かんきょう）のような姿をしています。城の作りの面白さもさることながら、ここでのハイライトは何といっても庭の規模と植えられた植物たちが

織り成す圧倒的な自然美でしょう。城のふもとから下へ4段続く広く長大なテラスがあり、その下に巨大な芝生の庭が広がり、さらにその先には野生のままのような状態の樹木がうっそうと茂る庭が続いています。この巨大な芝生エリアに18世紀にはオランダ風庭園が広がっていたとのことですが、今はその面影は一切残っておらず、一面の広い芝生です。第1段のテラスの上にはイチイの木（yew）で作った生垣が、それぞれ高さ5メートル以上のモコモコした姿をして10個ほど独立して並んでいます。2段目のテラスの端は、高さ10メートルはありそうなイチイの木の生垣が壁をなしてそそり立っています。イチイの木を使ってこれほど大きな生垣を作るのは他に見たことがないので、私には嬉しい驚きでした。訪れた時期が夏だったこともあり、庭には赤、青、白、黄、紫のあらゆる草木の花が咲き誇り、見事に輝いていました。

なぜこれほどの規模の造園が可能だったのでしょうか？それはハーバート家の娘アンリエッタが1784年にエドワード・クライブ（Edward Clive）と結婚したことで財政的に強力な後ろ盾ができたためでした。

エドワード・クライブの父、ロバート・クライブ（Robert Clive）は、英国東インド会社の軍隊を率いて1757年にプラッシーの戦い（The Battle of Plassey）でムガール帝国のベンガル地域の領主に勝利したことをきっかけに、英国のインド征服を決定的に加速させたことで有名です。ロバート・クラ

イブはベンガル知事と英国東インド会社軍隊の司令官を兼務し、エドワード・クライブもマドラス知事に任命されています。彼らが戦利品としてもたらした巨富が大規模造園の資金源になったようです。

　ポウィス・キャッスルでは、クライブたちがインドから分捕（ぶんど）ってきた品物の数々をクライブ美術館（The Clive Museum）で見ることができます。インドの人々がこれらを見るときにどういう気持ちになるでしょうか？　最終的には戦争に負けた結果ですが、その結果に至るまでに英国の侵略を許してしまった数々の失敗を悔やむに違いないだろうと思いました。侵略者の狡猾（こうかつ）なやり口に気づいて早く手を打っておくことで回避できたでしょうか？　日本も一歩間違えれば江戸時代末期に同じ悲運を招いたかもしれなかった時期もあるので、とても他人事では済まされない話です。植民地支配がもたらした富に基づいてこの大規模庭園の改築がされていることを知ると、単純に素晴らしい見事な庭園ですねと手放しで喜んでばかりはいられない、複雑な思いが心をよぎったのでした。

第3章

英国的趣味の世界へ
ようこそ！

これまで英国での生活の様子や注目の観光地について触れてきましたが、この章では私が関心を寄せていることや、趣味について英国との関わりを紹介したいと思います。

　もともと好きだったものや、生活に密接していたものから、英国で生活したからこそ興味を抱いたものなど、その対象は多岐にわたります。

　クルマなど仕事に直接関係する内容もありますが、人生を豊かにしてくれた、暮らしに潤いを与えてくれた、素晴らしい出会いをもたらしてくれた新たな趣味もあります。

　こうした巡り合わせは、海外で生活することの大きな意義であり、人生を変える一つの契機にもなり得る大切なものであるといえるのではないでしょうか。

 ## 1. クルマ

Nissan 240RS

　英国と私の仕事の関わりが始まったのは、日産の開発したラリー車「Nissan 240RS（読み方は、ニイヨンマル・アールエス、two-forty RS）」のおかげです。

　このクルマは、当時の世界ラリー選手権（World Rally

Championship、以下WRC）の最上位カテゴリーとして1983年から施行されたグループBカテゴリーに区分される車両として開発・生産されました。この公認を取得するための規程、「連続する12か月に200台の生産が必要」をクリアして生産を完了し、英国に日産が設立した「チーム・ニッサン・ヨーロッパ（Team Nissan Europe、以下TNE)」を参加主体として1983年からWRCに実戦投入されたのです。200台のうち日産ワークスがラリー用に使用する台数を確保した後、残りは一般のプライベートラリー参加者などを販売対象にして市販されることになったため、そのほとんどを需要のある欧州、しかもTNEの本拠がある英国をターゲットとしたことから、当時欧州のマーケティングを担当していた私が関与することになったのです。

　TNEが拠点とした場所は、英国のケンブリッジに近いロイストン（Royston）という町の近くにあるシェプレス（Shepreth）です。鉄道の駅があり、その駅の並びに日産と契約してTNEの看板を掲げて運営に携わっていたのが、「ブライデンスタイン・レーシング（Blydenstein Racing)」のビル・ブライデンスタイン氏（Bill Blydenstein、以下B氏）でした。B氏は、1960年代にドライバーとして活躍するとともに、エンジンのチューンアップにたけたエンジニアとしての才能も発揮し、1970年代に英国のボグゾール（Vauxhall）のもとでディーラー・

チーム・ボグゾールの運営を行い、親友のゲリー・マーシャル（Gerry Marshall）が運転して British Super Saloon Championship に 2 度優勝した実績を持っています。

　私は、B氏が日産との契約や今後のラリーに関する協議のため来日した際にお会いし、Nissan 240 RS の販売についての協議には私も参加して、その誠実な人となりを感じることができました。そのB氏の英国での活動現場、TNE を訪ねていったのが私の最初の海外出張でした。したがって、英国が私の海外での仕事キャリアの始まりなのです。

　Nissan 240 RS は、当時市販されていたシルビア（S 110 型）をベースにしたクーペモデルの外観をしたラリー専用車です。エンジンは専用の FJ 24 型、排気量 2,340 cc、最高出力 240 PS/7,200 rpm、最大トルク 24.0 kgm/6,000 rpm、直列 4 気筒 DOHC。真っ赤に塗装されたエンジンロッカーカバーがカッコいい！　車両は、後輪駆動、5 速マニュアル、車両重量 970 kg、ホイールベース 2,400 mm の諸元です。

　どんなクルマなのか、乗ってみないとわからないだろうから乗りに来いと、開発をしていた日産の特殊車両実験部からありがたいお招きをいただき、福島県二本松市のサファリパーク近郊で何日間も泊まりがけで走行試験をしているチームのもとへ出かけていきました。エンジニアたちが分解した部

品を洗浄していたり、記録を取っていたりする中、ドライバーとして実験に参加していたのは日産ワークスドライバーのHM氏とHK氏でした。

二人は交互にNissan 240 RSを運転し、その印象や評価をエンジニアたちに伝えていました。挨拶を終えてすぐに、HM氏が「これから走るから、隣に乗れ。小便ちびるなよ」と案内されて同乗させてもらい、サファリパークのぬかるんだでこぼこ道を爆走する体験を助手席で味わうことになりました。

開発実験車両のNissan 240 RSは、真っ白なボディーカラーで、装飾は何もなされていません。必要な装備品しか装着されていないため、内装は機械類がむき出しで、計器盤が目の前にそびえ立ち、車体の内装パネルがそのまま見え、フロアマットなど敷いていない床からトランスミッションのギアシフトノブが生えています。サイドウィンドウガラスは、FRP製なのか、横にスライドする小さな小窓がついているだけで、下に全開で降ろすことはできません。運転席と助手席の足元や頭上はスカスカです。

慣れていないラリー車用のシートベルトをもぞもぞしながら装着してヘルメットをかぶり終えたところで、クルマは怒涛の勢いで走り始めました。荒れた路面を突っ走るため上下左右に揺れることこの上なく、カーブをスライドしながら回

るやら、急減速、急加速を繰り返し、その都度目まぐるしく操作するHM氏のシフトノブの見事な手さばきと足元のアクセル、ブレーキ、クラッチワークをじっくり見る余裕などあるはずもなく、右手はシートの端を、左手はドアガラスの上の天井にあるアシストグリップを握りしめて放すことができません。車体からは、ガタガタゴリゴリと走る最中に音がし続け、時々ヘルメットがルーフにゴツゴツ当たり、「マウスピースしたほうがいいかも」などと瞬時に思ったりして、あれよあれよという間に何周か走り終えてエンジニアたちの出迎えを受けました。

　HM氏は、クルマを降りるとすぐにエンジニアやHK氏へ細かく印象を報告し、あれこれ意見を述べていました。私はといえば、それこそヘロヘロになってクルマから這い出してきたのです。小便ちびりこそなかったものの、よく漫画で目がぐるぐる回った鳴門巻きのような表現をする絵がありますが、ああいう顔をしていたに違いないと感じたものです。

　Nissan 240 RS が世界ラリー選手権（WRC）に参戦した1983年は、ランチア・ラリーとアウディ・クアトロが圧倒的に強く、マニュファクチャラーズ・チャンピオンシップはランチアが獲得しました。日産は、第7戦のニュージーランド・ラリーでティモ・サロネンの Nissan 240 RS が2位に入ったのがシリーズ中の最高成績で、全体ではランチャ、アウ

ディ、オペルに次ぐ4位でシーズンを終えました。

1984年もアウディとランチアの勢いは止まらず、特にアウディには前年にランチアを運転していたヴァルター・ロールが参加し、マニュファクチャラーズ・チャンピオンシップはアウディが獲得しました。日産は、第11戦のコートジボアール・ラリーでシェカー・メッタのNissan 240 RSが3位入賞したことが最高成績で、マニュファクチャラーズ・チャンピオンシップ全体では、アウディ、ランチア、プジョー、トヨタ、ルノー、オペルに次ぐ7位でした。

この年の注目は、シリーズ後半の第9戦1000湖ラリー、第10戦ラリー・サンレモ、第12戦ロンバート・RACラリーに投入されたプジョー205ターボ16です。ドライバーはアリ・バタネンで、これら3つのイベントで全て優勝しました。前年からアウディ・クアトロが証明した四輪駆動の強みを取り入れ、より小型の車体でターボ加給したプジョー205ターボ16のようなクルマでないとラリーは勝てないという危機意識が急速に広まり始めた時期でした。

1985年は、ついに全戦参加したプジョー205ターボ16を擁するプジョーがマニュファクチャラーズ・チャンピオンシップを獲得しました。日産は、Nissan 240 RSが第4戦のサファリ・ラリーでマイク・カークランドが、第11戦のコート

ジボアール・ラリーでアラン・アンブロシノがそれぞれ3位入賞したものの、マニュファクチャラーズ・チャンピオンシップでは、プジョー、アウディ、ランチアに次ぐ4位でした。

1985年は、第5戦のツール・ド・コルスでランチア・ラリーのドライバー死亡事故が起き、第8戦のアルゼンチン・ラリーでプジョーの事故が発生し、グループB車両の安全性が真剣に懸念された年となりました。

1986年は、第3戦のポルトガル・ラリーでフォードRS200を運転していたポルトガル人ドライバーのヨアキム・サントスが観衆に突っ込み、3人死亡、30人負傷という事故が発生しました。また、第5戦のツール・ド・コルスでランチアのデルタS4を運転していたヘンリ・トイヴォネンが横転してクルマが爆発炎上し、コー・ドライバーと一緒に死亡する事故が発生しました。この結果FIAは1987年からのグループBの禁止を決定したのです。

1986年は、全13戦のラリー・ラウンドが組まれ、マニュファクチャラーズ・チャンピオンシップはプジョーが獲得しました。

日産は、Nissan240RSが5つのラリー・ラウンドに参戦したものの、一度も3位以内入賞を果たすことはできず、マニュファクチャラーズ・チャンピオンシップも上位に入賞することはできませんでした。アウディ・クアトロ、プジョー

205ターボ16、ランチア・デルタS4などのクルマに対して、4輪駆動ではなく車体が大きく重量も重いNissan 240 RSはマシンの戦闘能力の点で劣ったため苦戦を強いられた時代でした。こうしてNissan 240 RSのWRCでのワークス活動は終了することになりました。

　一方、1983年から1986年の間に、B氏はTNE運営のかたわら英国内でのNissan 240 RS車両をプライベートラリー参加者等に販売活動を続けた結果、かなりの数を販売するとともに、プライベートでラリーに参加する人々に高評価をいただく実績をあげています。このラリー活動に関与した経験から、私は、欧州でのラリーに対する熱烈な人気の存在と、クルマで競争競技をすることへの健全な理解が普及していることを実感するとともに、モータースポーツの影響力の強さを学んだのです。

Porsche 924

　初めて英国出張をしてケンブリッジ近郊に何日間か滞在し、B氏と協議したりNissan 240 RSが何台もずらりと並んだTNEのワークショップで働く人たちの様子を見たりして過ごしていました。休日にB氏と協働している英国人のK氏からストラットフォード・アポン・エイボンのロイヤル・シェークスピア・シアターで『ヘンリー5世』が演じられている

から観に行こうと誘われました。もとよりシェークスピア演劇に興味があり、『ヘンリー5世』とはどういう話だったのかよくわからずにいたので、ちょうどこの機会に知ることができるのは幸いとばかり、二つ返事でOKし連れていってもらうことになりました。

　K氏が朝一番でホテルに迎えに来てくれました。クルマは、ポルシェ924。私は初めて見る924の実車です。ダークグリーンのシャキッとしたボディが目にも鮮やかに輝き、とびきり美しく見えました。1983年当時は、日産の最高峰スポーツモデルは、280ZX（フェアレディZ、S130型）で、そのモデルライフの最終年でした。280ZXの競合他車との性能比較で欧州市場においてはポルシェ924も参考までに登場しましたが、価格帯が違うため別次元のクルマとして認識していました。

　K氏は、924がお気に入りの様子で、操作性だの手に触れる素材の良さだの、快適な性能について細かく饒舌に語ってくれた話は、やっぱりそうだよね、ポルシェは良いねと感じ入るところの多い楽しい内容でした。二人でワイワイとクルマ談義をしているうちに、道路A14を知らないうちにびっくりするスピードで走っていたらしく、後ろにぴったりついていた警察のクルマに停車を命じられました。路肩に止めた924に警官がゆっくりした足取りで近寄ってきて窓越しに「ずいぶん飛ばしていましたね」と笑顔で話しかけたのに対して、

K氏が「このビジネスパートナーの日本人が初めて英国に来て、ストラットフォード・アポン・エイボンに行く予定なのだが、話が盛り上がっているうちにスピードのことは気がつかなかった」と正直に言い訳をして神妙な顔をしていたことがおかしかったです。

　K氏も神経が太いのか、違反チケットをもらって警察から解放されるとすぐに気持ちを切り替えて、再び明るく話し始め、シェークスピア談義をひとしきり聞かせてくれたことが楽しく思い起こされます。こうしてポルシェの助手席に乗って英国の道を走った経験は、ドライブは楽しいというかねがね思っている気持ちを、確固とした信念に昇華してくれたのです。

● ─── Aston Martin DB7 Vantage Volante ─── ●

　英国車といえばどんな銘柄が頭に浮かぶでしょうか？　ロールス・ロイス、ベントレー、ジャガー、ダイムラー、ロータス、マクラーレン、ランドローバー、レンジローバー、MG、ケータハム、TVR、ミニ、モーガンなど、いずれも個性ある楽しいクルマで、英国のクルマ文化の底の厚さと多様性を感じずにはいられません。

　そんな中でひときわ贅沢でスポーティーで強烈なオーラを放つのがアストンマーティンです。アストンマーティン・ラゴンダ（Aston Martin Lagonda Ltd.）社は、今でこそゲイドン、

ウォリクシャー（Gaydon, Warwickshire）で開発・生産・販売活動をしていますが、私が英国駐在期間中にはまだニューポートパグネル、バッキンガムシャー（Newport Pagnell、Buckinghamshire）に工場がありました。ニューポートパグネルは、私の勤務先日産NETCのあるクランフィールド（Cranfield）に近く、クルマで通勤する際、特に帰宅する際には高速道路M1を使わずにわざわざ下道のB526をゆっくり走りながら、あえてアストンマーティンの工場前に並べられたオフラインしたばかりの新車たちを眺めながら、そのオーラを力いっぱい深呼吸して吸い込んで通り抜けたものです。

アストンマーティンのインパクトのあるクルマといえば、DB5から話が始まります。1964年公開の007映画『Gold Finger』でショーン・コネリーが演じるジェームズ・ボンドのクルマとして登場し、ナンバープレートが回転して変更でき、ヘッドライトから飛び出すマシンガンが実装され、助手席に座った悪人を開いた屋根から放り上げる仕掛けの赤いボタンがギアシフトノブに埋め込まれ、クルマの後ろからオイルを撒き散らして、追いかけてくる後続車をスリップさせることができるなど、破天荒な小道具を持つ設定です。以来DB5は007映画の欠かせぬクルマとして何度も登場することになります。また、チャールズ皇太子が愛車として長いこと所有しているとされるV8ヴァンテージ・ヴォランテの同型車は、1987年公開の007映画『The Living Daylights』に

ティモシー・ダルトンが主演したジェームズ・ボンドの愛車として登場します。

　そんな名車たちを世に出してきたアストンマーティンの工場見学が日産NETCのエンジニア役職員に可能になった時がありました。残念ながら、私は参加させてもらえず地団太踏んだのですが、参加した人から後で聞いた話によれば、生産ラインは手押しラインだったとのことで、ハンドメイドの生産メーカーならではだと感じ入ったものです。

　やがて何年も時間が経って、ようやく私もアストンマーティンの2002年製造DB7ヴァンテージ・ヴォランテというオープンカーを購入することになるのですが、その時も外板色は、英国の田園風景を思い出すボディーカラーのチルターン・グリーンで、内装色は、グリーンとタンのツートンを選択したものです。コスワースがチューンした12気筒6リッターDOHCエンジンは、力強くたくましいことには満足でしたが、エンジンオイルゲージがきしめんを薄くしたような平べったく細いペラペラした金属の板で、オイルレベルがHとLのどこにあるのか読み取りにくいこと、ブレーキの利きがシャープではないこと、燃費はもとより期待してはいなかったとはいえ、ダラダラ一般道を走っていると3km／リッター程度であること、大雨が降ることを忘れてボディーカバーをせずに外へ一晩駐車しておいた翌朝ドアを開けてみたら、Aピラ

ーを伝って流れ落ちたらしい雨水で運転席の足回りがたっぷり水浸しになっていてびっくりしたばかりか、そのすぐ近くにヒューズボックスが取り付けられている構造だったことを知り、冷や汗が出たなど、実用的価値に関するクエスチョンマークがつくクルマであることを思い知らされました。

　そういう欠点を知った上で、トラブルが起きないように予防措置をすることや、こまめにメンテナンスをすることが大切になります。とりわけ外板パネル、ホイール、幌と内装の皮製品（シート、ドアトリム、ダッシュボード、グローブボックスなど）をメンテナンスするひとときは、慣れてしまえばとても楽しい時間になります。外板パネルはよほどのひどい汚れでもない限り、高圧洗車スプレーを使わずに、たっぷりの水に浸したムートンで手洗いしてから、半渇きの状態のところへ、シュアラスター社の「マンハッタン・ゴールド・ワックス」を塗ってマイクロファイバーで磨けば、水もしたたるような輝きを見せます。ホイールも洗車後に専用のコーティングをしておくことがお勧めです。

　幌は専用のクリーナーで汚れを落としてから防水スプレーを塗布しておけば、1か月程度はきれいに水を弾きます。幌は少しばかり汚れていたほうが味わい深くて好ましいという人もいますが、私はその意見には賛同しません。

　内装の皮製品は、「クイック・ブライト」（Quick Bright）

をぬるめのお湯で溶いた液をつけた柔らかい布で軽く全体を拭き取る汚れ落としを何度かやった後、よく乾かしてから、「コノリー・ハイド・ケアー」（Connolly Hide Care）の栄養クリームを薄く伸ばして塗り、馬の毛のブラシで磨いてから柔らかいファイバーグラスで仕上げることで上品な輝きを保つことができます。コノリーレザー専用の栄養クリームを塗るときは、事前にクイック・ブライトで汚れ落としをした後でやることが大事です。なぜならば、事前に汚れを落としていないと、シートの汗臭い匂いが栄養クリームに転移して始末におえなくなるからです。

　もっとも、英国のアストンマーティン・オーナーが同様のことをやっているか否かは不明ですが、このように手間暇かけることを楽しみに変えてしまうだけの魅力をアストンマーティンが醸し出してくれるのです。

 ## 2. ラグビー

—— Northampton Old Scouts RFC ——

　ノーサンプトンには子どもが参加できるラグビークラブがいくつか存在しています。我が家からクルマで15分ほどの場所にノーサンプトン・オールドスカウツ・ラグビーフットボールクラブが本拠を構えています。子どもの参加資格は、

アンダー9（Under 9）というカテゴリーに属する9歳から参加できます。長男が9歳になったことから早速入会手続きをしてこのクラブに加盟しました。

　15人のチームが2つは組成できるだけの子どもたちが在籍しています。子どもたちの体格は大きい子から小さい子まで背の高さも肉付きの様子もさまざまです。どの子どもたちも近隣の地域から参加しているため、同じ学校の子ども同士という関係ではなく、ラグビーを通じて新しい友人がどんどん増える格好になります。

　コーチはフォワードの経験があったことがはっきりと見てとれる立派な体格をした男性と、これまた頑丈な体格の女性を中心に、近隣から集まってくるラグビー経験者の複数の人たちが熱心に指導をしてくれます。練習前の体操、ダッシュ走り込み、サンドバッグへのタックル練習、ボールを持ってパスの練習などを終えてから、紅白戦をやります。

　ラグビーフィールドは芝生というよりは天然の草地で、必ずしも平坦に整地されているわけではないため、スパイクシューズが滑ったり、ボールのバウンドがやや勝手が違ったりすることはあるものの、土埃の舞う地面むき出しのグラウンドよりはずっと好ましい環境です。冷たい風の吹きすさぶ時でも練習場の草地の緑の香りが心地よく感じられます。英国の田舎の田園地帯ならではの野趣あふれる練習場です。

　解説が必要な事態や危ないプレーが発生するとすぐに中断

して、なぜいけないのか、どうすればよいかをコーチたちはすぐに子どもたちにフィードバックします。子どもたちはそれから再びみんな元気に走り回り、タックルをし、ラン、パス、キックも微笑ましいものから、感心するプレーまで、多彩に見せてくれます。

　ユニフォームは、紺、黄、緑、赤の順で両袖と胴体に何回も続く細い横線が入ったデザインをしています。スクラムは組むものの、押し合うことは禁止されています。スクラムからすぐに出されたボールを巡って攻防が目まぐるしく変わります。外野で見守る親たちの歓声や励ます言葉が遠慮なく大声で飛び交い、見ていても全然飽きることはありません。ひとたび他のチームとの試合ともなると、親も子どもも気合いの入り具合が半端ではなく、白熱するプレーには大喝采やブーイングが飛び交い、たいへんな盛り上がりを見せるのです。

　公式戦には、加盟チームの使用しているラグビー練習場をあちこち使用するため、移動もそれぞれ現地に何時に集合せよと事前に案内され、目的地へクルマで向かうことになります。長男がラグビーを心から楽しんで好きになったきっかけは、やはりこのクラブで本格的に手解きを受けたことが影響しているに違いないと私は思っています。

───── ラグビー校〈Rugby School〉グラウンド ─────

　ラグビー校（Rugby School）は、英国のウォリックシャー

（Warwickshire）にある名門パブリックスクールで、創立は1567年。1976年から男女共学となり、ハウスと呼ばれる男子寮と女子寮が合計15ある寄宿学校（Boarding School）です。我々のミルトン・コートの家からは約22kmの距離があります。クルマで高速道路M1を北へ向かい、ジャンクション18で降りてA428を西へ進めば、町の入り口付近にラグビーボールの形をした「Welcome to Rugby、The Birth Place of the Game」と書かれた看板が出迎えてくれます。

　町の中心部に向かってクルマを走らせていくと、道路の両側には新興のディタッチドハウスがびっしりと建ち並び、ところどころには、より古い時代に建てられたセミディタッチドハウスもあり、一部は商店として利用されています。道路沿いは大きく育った街路樹が続き、道路の中央部はところどころに幅1mほどの芝生帯が設けられたゆとりある路面もあります。さらに進むと町の古いエリアに入ったことがわかります。古い通りには、両側に昔からの小さな商店街が建ち並び、いくつかのパブもあります。

　やがて忽然とラグビー校の建物群が見え始めます。ラグビー校の教会は、ひときわ大きな建物で、石造りの壁には赤いボーダーラインの装飾が何本も入った洒落たデザインです。すぐ前の広場にラグビー発祥の伝説となったエリス少年がボールを左手で抱えて走る姿の銅像が建っています。銅像は、等身大よりは大きい高さのある立派なものです。近くの駐車

場にクルマを停めて街歩きを始めました。

　古い家並が続く中に、黒塗りの木の入り口がある商店風の場所が小さなラグビー博物館になっていました。古い写真、ジャージ、シューズ、キャップ、革製のラグビーボールなどの実際に使われた道具類の他、この場所を訪れたラガーマンたちが書き記したサインがあちこちに残る記念すべき品物が展示されています。これらの展示品のいくつかは実際に使用されたものならではのオーラを放っています。じっくり見ているとラガーマンたちがぶつかり合い、走り抜けていく様子や観客の熱い声援がよみがえる気がしたものです。少しばかりのスペースに日本のコーナーもあり、日本人ラガーマンの写真やサインを見ることができました。

　ラグビー校の入り口が開いていたので、中に入っていき、学校の職員らしき人にチャペルの中とグラウンドを見せてほしいと頼んだところ、快く受け入れてくれました。チャペルの中は高い天井の広々した空間に陽の光が差し込む清々とした場所ですが、学校の専属教会であるからなのか、内装に絢爛豪華な装飾はされておらず、実用本位の作りになっています。

　チャペルを出て少し歩いた先に芝生のグラウンドがあります。グラウンド横の壁には、大きなプラークが埋め込まれています。「1823年にWilliam Webb Ellis少年がサッカーをし

ている際にボールを手で抱えて走り始めたことをラグビーの起源とする」という記載がしてあります。ひとしきりプラークを眺めてからグラウンドに目をやりました。誰もプレーをしている人がいなかったので、グラウンドを歩いて芝の感触を感じながら、エリス少年が走り出した様子を思い描いてみました。記念にグラウンドの芝を少しむしり取って丁寧にハンカチに包んで持ち帰ることにしました。

Twickenham、England vs Ireland

　トゥイッケナム（Twickenham）は、ロンドン南西部にある町です。ラグビー専用競技場のトゥイッケナム・スタジアム（Twickenham Stadium）をもって世界のラグビー競技場の聖地として名を成しています。

　1998年4月4日、第69回5か国対抗ラグビー戦のイングランド対アイルランドの試合をトゥイッケナムで観戦することにして、義父を連れて家族でミルトン・コートの我が家を出発しました。高速道路M1を南へ終点まで走り、そのままつながるA406を南へ向かいます。この道は、子どもたちが毎週土曜日に通う日本人補習校のあるアクトン（Acton）に行く際にも利用している道です。アクトン近郊を抜けると間もなく高速道路M4が見えてきます。このM4に乗って西に向かうとロンドン・ヒースロー空港ですが、我々はさらに南下して植物園のキューガーデン（Kew Gardens）を右手に見な

からＡ307からＡ316へと進んでいくとトゥイッケナム・スタジアムの大きな建物が目の前に現れてきます。思わず歓声をあげるほど大きな競技場です。

この年の5か国対抗ラグビー戦は、前日までに全10試合中8試合を終了してフランスがトップ、イングランドは2位の戦績でした。この日のイングランド対アイルランド戦が両国代表にとってはそれぞれ最終戦でした。競技場に入って我々の席を探しあてました。ゴールポスト裏の2階席です。観客は75,000人の満員御礼状態です。試合が始まる前からワイワイガヤガヤと騒々しいことこの上なく、盛り上がっています。

真っ赤な上下のトレーニングウェアを着た会場監視員が競技場の中へと走り出てきて、芝生フィールドの縦、横をそれぞれ20mほどあけて観客のほうを向いて取り囲むように立ち並びました。続いて登場した8人の係員が一緒に掲げ持つ大きな旗をフィールドに敷き終えたところで、イングランドとアイルランドの選手が入場して旗の前に整列しました。両国の国歌斉唱では、さらに大声で会場も割れんばかりの大合唱と大きな拍手に包まれました。まもなく係員や監視員は退場して14時ちょうどにキックオフで試合が始まりました。

この試合のイングランドチームには、我々ノーサンプトンシャーの住民でラグビー愛好家が誇りにしているラガーマンのマット・ドーソン（Matt Dawson）とポール・グレイソン（Paul

Grayson）が出場していました。二人ともノーサンプトンの
プロチーム、ノーサンプトン・セインツ（Northampton
Saints）に所属している有名選手です。ポジションはドーソ
ンがスクラムハーフ、グレイソンがフライハーフです。なに
せ2階席からの観戦なので、我々の目には選手たちの顔など
は見えるはずもなく、白いユニフォームのイングランドチー
ムと緑のユニフォームのアイルランドチームのラガーマンた
ちが集散を繰り広げる様子を鳥の目のような感覚で全体の動
きを追っていたに過ぎません。試合は35対17でイングラン
ドが勝利しました。グレイソンはコンバージョンキックを3本、
ペナルティーキックを3本決める活躍をしました。日本の国
立競技場や秩父宮ラグビー場での観戦とは全く違う圧倒的な
迫力とスピードのある試合で、観客のパワーも段違いに強烈
で、ラグビーの本場ならではの5か国対抗戦の試合と雰囲気
を堪能しました。

3. コレクション（Collection）

　指ぬきはシンブル（Thimble）といい、もともと裁縫をす
るときに中指の先端にはめて針を押すときに役に立たせる実
用品で昔から存在していましたが、装飾性を加えて芸術品に
変身してコレクションアイテムになったものがあり、この分
野においては骨董品や美術品の価値があるものとして収集し

ている人たちが世界中に存在しています。

　それらを集め始めたりすると、興味のある方にはやめられないコレクションになるのは必定ですが、その数たるやどれだけあるものなのか見当すらつかないので大変なことになるのは間違いありません。一方、観光地で名所旧跡、マナーハウス、自然景観、名物品などを指ぬきに絵を描いて記念になる土産物として販売している場所を、特に欧州ではよく見かけます。金属製もありますが、陶器製のものが多いと思います。大きさは、中指先端が入って指の第一関節あたりまでの深さがあるものが主流です。

　そんな指ぬきですが、ミルトン・マルソー村の隣人であるM夫妻のお宅を訪ねた際に玄関横に飾ってあった指ぬきコレクションケースがとても素敵なディスプレイとして一つの装飾品になっていたことが印象的でした。M夫妻によれば、指ぬきのコレクションケースは、骨董品屋で見つけた活版印刷用の活字ケースを活用してコレクションケースに仕上げたものだというのです。

　そのケースのそれぞれの空きスペースに訪問先で買い集めた指ぬきを入れていくことでコレクションケースがいっぱいになっていたのです。その上品さに感心し、これは素晴らしい趣味になると思い立ち、早速我が家でも旅行先で必ず指ぬきを土産物店で探して買い集めることを習慣にすることにしました。

すぐに骨董品屋で指ぬきコレクションケースに転用できそうな活字ケースを探し出して購入しました。英国人は、同じように指ぬきやミニチュア飾りの小物を集めて活字ケースに収めている人が多いらしく、骨董品屋でもそのあたりのニーズはしっかりわかっていて、活字ケースの内側には赤や緑のフェルトの布を張ってきれいに仕上げてくれています。

　我が家のコレクションの基本ルールとして、なんでもかんでも指ぬきをあちこちから買い集めるのではなく、必ず自分が行った場所で、その場所にゆかりの絵を描いた指ぬきを一つだけ買うことにしました。同じ場所であっても複数のデザインの指ぬきは存在することが多いのですが、一つにこだわるのは厳選することでより一層土産物選びのときの印象が旅の印象として記憶に残ることと、コレクションスペースの関係から同じ場所のものをいくつも買い込むことはバランスが悪くなるからです。

　こうして指ぬきコレクションを始めると、観光地巡りがさらに楽しくなります。買い忘れることのないように、家族の誰かが気がついて指ぬきを買ったか否かを必ず確認するようになりました。一つまた一つとスペースが埋まっていくたびに、旅の思い出がたまっていくとともに、後から眺めたときにそれぞれの旅の総集編を一覧で見られるようなディスプレイになっていることが、現地に行った人だけにわかる楽しみとなることが喜ばしいのです。

我が家の指ぬきコレクションケースは大判のものが二つ満杯になっていて、指ぬき以外にも世界中のミニチュア記念品までもがケースの上端や広いスペースに混入し始め、もはや空き場所がないくらいにひしめき合って指ぬきと同居している状態です。

4. 乗馬（Horse Riding）

　乗馬を気軽に経験できるのは、英国ならではの楽しみです。ロンドンのような大都会の場合には、時折ハイドパークなどで乗馬をしている人を見かけることもありますが、少し遠出をして乗馬スクールを探す必要があるでしょう。

　ミルトン・マルソー村の場合、近くの隣村ともいうほどの距離のところにいくつかの乗馬スクールがあります。小学生から大人まで気軽に乗馬に親しめるように、それぞれの乗馬スクールで丁寧な指導をしてくれます。最初は体験乗馬を2回ほどやってみて、本当にやる気になるかどうかを自分で納得する必要があります。料金は子ども価格、大人価格があって毎回支払うことになります。その都度、来週また来る場合には帰り際に予約を入れておくようにします。

　我々は、本気でやってみようということになり、乗馬用のヘルメット、ヘルメットカバー、ライディングジャケット、パンツ、ブーツ、手袋、鞭を4人分購入し、ほぼ毎週通うこ

とにしました。子ども用の馬はポニーで、大人用は大型の馬です。

　最初は、馬の鞍の装着の仕方、馬の乗り方、鐙に載せる足の位置、スタート・ストップの合図の方法、歩き方、体重のかけ方、馬からの降り方などをインストラクターが手綱を手で引いて練習場の中でゆっくり教えてくれます。2回目からは、歩くだけでなく、早足で歩くことや、駆け足の練習を始めます。止まれはホールト（Halt）、歩けはウォーク（Walk）、早足はトロット（Trot）、駆け足はキャンター（Canter）、全速疾走はギャロップ（Gallop）というように掛け声をかけて、足の踵で馬に知らせます。

　馬のほうも慣れたもので、だいたいは指示に従うものの、乗り手のことをなめている場合や気分が乗らないときには全く動かなかったりします。上手に言うことを聞いてくれたときには首を撫でてあげます。ホールト、ウォーク、トロットまでできるようになると、次は練習場の中でジャンプの練習を始めます。トロットをしながら練習場を回ってから真ん中に設置した高さ1メートルほどのポールをジャンプして乗り越えるのです。ジャンプする前の踏み込むときに手綱と踵と太ももをきゅっと締めて着地するときに手綱を少し緩めるのですが、タイミングが合わずに何度も失敗します。ジャンプする直前で急停止して乗り手がつんのめって振り落とされたりします。何度も練習しているうちにできるようになってく

ると、今度は連続で2本のポールをジャンプして乗り越える練習をします。これらがすんなりとできるようになるわけではなく、何度も馬から振り落とされて痛い思いをするのです。ある時、息子の乗ったポニーが練習場で勝手にキャンターを始めたために、バランスを失って振り落とされそうになった息子の左足が鐙から外れずに引っかかったままになり、逆さ吊り状態で半周ほど馬が走ってようやく止まったということもありました。

　練習場で慣れた後には、フィールドに出てゆっくり歩く練習もします。インストラクターの乗る馬を先頭にして、我々の4頭が一列でついて歩いていきます。クルマの走り抜ける道路の脇を歩いているときには、クルマは徐行してくれるので手を上げて挨拶します。牧草地の横を歩くときは開放感に満ちて清々しい気分になります。途中でトロットやキャンターをして自由に加速、減速することができるようになるととても面白いのです。

　とはいえ、馬も生き物で、それを上手にコントロールできないのは乗り手の責任なのですが、私が乗った馬が突然ギャロップで牧草地の隣の小麦畑の中へと突進し始めたことがありました。こちらは振り落とされまいと手足に力を込めたため、馬は一層調子に乗って縦横無尽に小麦畑を走り回ったのです。ぐるぐる走って少し疲れたのか減速し始めてようやく言うことを聞き始めて、皆が呆然として眺めて待っていると

ころへと戻っていくことができました。もちろんこちらはヘロヘロになっての帰還でした。クルマが登場する前の時代には自由な移動の象徴は馬だったので、昔の人たちはしっかり練習して乗りこなしていたのだなと実感したものです。

5. パブ（Pub）

　英国ではどこの村や町へ行ってもほぼ確実にパブ（Pub）があります。パブは、営業開始時期が古いものから新しいものまでさまざまですが、地元の人たちや観光客のたまり場であり、息抜きの場であり、もちろん飲んで食べて、時には大騒ぎをする場でもあります。

　パブに入ると、まずはバーカウンターで注文をします。現金は前払いです。ワイン、ウイスキーはもとより、ビールはエール、ビター、スタウト、ラガー、など一通り揃っていてビールサーバーからパイントグラス（pintは英国は568ml）で提供されます。半分の量のハーフパイントグラスの注文も可能です。

　仲間と一緒に飲むときには、まとめて誰かが一括で支払いをするので、必ず何杯かを飲むことになります。割り勘で個別に支払うこともできなくはないですが、そういうことをする人は嫌われます。

　パブでは簡単な食事もできます。特に感心するのは、イン

ド料理や中華料理のメニューをそれなりに提供できるパブが
かなり存在することです。大都会のパブはまず間違いなくイ
ンド料理や中華料理のメニューがありますし、田舎のパブで
も気の利いたところではだいたい提供されています。英国の
食事はまずいなどと先入観を持たないほうが良いでしょう。
チキンマサラやチャーハンも、しっかりしたものを出すパブ
も存在するのです。

　ミルトン・マルソー村には、グレイハウンド（The Gray
Hound）というパブがあって、皆のたまり場になっています。
庭も広く、特に夏の天気が良いときには庭の芝草の香りがす
る中、外のベンチテーブル席で仲間とワイワイ飲み食いする
ことは大変楽しいものです。隣人のM夫妻によれば、グレ
イハウンドはオーナーが最近変わったことで、前よりは質が
落ちたと嘆いていましたが、私にとってみればこの水準でも
何ら問題ないと思えたので、昔は相当良かったのでしょう。

　英国人は社交性を大事にします。とりわけ、近所で顔をよ
く合わせる人がパブでかち合ったときなどは、相手に迷惑を
かけそうでない限り声をかけることを躊躇しない人が多いと
思います。一見したところ、とっつきにくい不愛想で頑固者
のように見えますが、話し始めるといろいろな話題を提供し
て相手の反応を見て瀬踏みしながら和やかに会話をすること
をスマートにやってのける人が多いようです。適度な距離感
で程よい関係を早い段階で上手に築くことができる話術は、

子どもも大人もそれぞれのレベルで洗練されている人がいます。そういう基本的な社交術は、取り立てて本人が意識してやっているようにも思えませんが、小さい時から鍛えられることにより、外交交渉や企業間の交渉のときに手腕を発揮することに少なからず貢献しているに違いないと思います。

6. 靴（Shoes）

ノーサンプトンは高級靴の一大生産地です。ノーサンプトン市内に、クロケット＆ジョーンズ（Crockett & Jones）、トリッカーズ（Tricker's）、チャーチズ（Church's）、エドワード・グリーン（Edward Green）などといった名だたる製造業者が靴の生産をしているので、靴好きな人には聖地とも思える場所でしょう。

その中でもクロケット＆ジョーンズとトリッカーズは、製造工場も市内の近くにあり、比較的手ごろな値段で（といってもかなり値が張りますが）手に入ることから、工場直営店に何度か買いに行ったものです。

クロケット＆ジョーンズは、工場の敷地内に訳アリ靴を安く提供している直営店舗を構えています。その売り場には、ちょっと見ただけではわからないシワ、傷、色ジミなどがあるだけで正規販売ルートには流せない商品が男性用、女性用ともにずらりと展示されています。地元の人らしき英国人が

かなり売り場に来ていて、勝手に試し履きをして2足、3足と購入していきます。自分の足のサイズにフィットして、お気に入りのデザインの靴があれば、正規品の30％から50％引きで買うことができるので、こんなに良い場所はありません。

　私も黒や茶の紳士靴を何足も行くたびに買い込んだものです。柔らか過ぎず硬すぎない革の程よい硬さ、品のあるデザインは英国靴ならではの良さです。スペイン製はより安価ですが革が硬いものが多いし、イタリア製は革が柔らか過ぎるのが私にはやや気に入りません。

　そんなわけで、会社の先輩が訪英したときや、友人たちが訪ねてきた際には、クロケット＆ジョーンズ直営工場店の訳アリ品の紹介をして連れていったこともたびたびで、その都度客人たちには感謝されていました。

　そんな高級靴を買ったら、メンテナンスをしっかりやることで靴を長い期間、良い状態で使い続けることができることも知ることができました。そのポイントは次の通りです。

　（1）同じ靴を毎日履かないこと。出張に行く際に2足も靴を持っていけない場合はやむを得ませんが、日常使いでは、連日同じ靴を履くことはしないほうが良いです。できれば3足以上、可能であれば5足ほどの靴を毎日交互に履くこと。

　（2）仮に3足の靴をローテーションして履く場合には、それぞれが毎週1回か2回登場することになり、月次ではそれ

ぞれ4回から8回ほど履くことになります。どれだけ雨や雪などの水分をかぶったり、汗をかいたりするかにもよりますが、毎日ブラシがけをしてアッパーレザーの水分を弾いておくこと。

（3）それぞれの靴は、靴紐を取って、2か月に1回程度ぬるま湯にドボンと浸けてサドルソープ（Saddle Soap）と呼ばれるオレンジ色をした馬具や革製品用の石鹸を使って軽く丸洗いすること。あまりアッパーレザーをこすると色落ちしてしまうことがあるので、表面は優しく撫でるくらい、内側はやや強く、靴底はしっかりと柔らかい布で洗います。何度もすすぎをして洗剤を落としたら、水を切り、柔らかい乾いた布で軽く拭いてからシュー・キーパーをはめて陰干しをします。2～3日かけて完全に乾燥させます。

（4）靴が完全に乾燥したら、シュー・キーパーを外し、汚れ落としクリーナー、栄養クリーム、色のついた靴クリームの順番にそれぞれ布を変えて軽く靴のアッパーレザーと靴横と踵横に塗っていきます。塗り終えたら、馬の毛のブラシで磨きます。その後の仕上げは光沢を出すために柔らかい布で磨きます。靴紐をかけてシュー・キーパーをはめて保管します。

　このように手入れをしてやることで、歩き方にもよりますが、だいたい2～3年はローテーションする前提で靴を楽しめます。やがて革の靴底は薄くなっていくので、そのときは靴底と踵を取り換えます。グッドイヤーウェルト法で縫い合

わせているので、裏底の変更は日本でも職人が上手にやってくれます。

こうして3回ほど裏底を変えて10年近く、あるいはさらに回数を増やして20年近くお気に入りの靴を使い続けることも可能です。私の靴も20年以上使い続けているものがあります。手入れをし続けた靴への愛着は増すばかりです。

そんな靴生産地のノーサンプトンならではといえるのが、靴博物館（Northampton Shoe Museum）です。現在は、Northampton Museum and Art Galleryと呼ばれているようですが、ノーサンプトンの町の中央部に位置し、珍しい変わった靴を数多く展示しています。何度も通い詰めるほどの優れたコンテンツではないものの、一度は見ておく価値のあるものといえるでしょう。

 ## 7. 庭（Garden）

英国の富裕層が先祖代々受け継いできた由緒ある庭は、専門の庭師を抱えてメンテナンスをしているので、美しい状態を保ち続けているのは当然です。

一般市民の家庭で、他の誰にも負けない突飛なとんがったコンセプトの庭造りで競い合うようなことをやる人はいません。庭造りについて英国人はそれぞれ自分なりのこだわりや流儀を持っているものの、自宅を取り巻く全体的な風景との

調和を大切にしているように感じます。

　庭のないアパートのような家に住んでいる場合には、庭造りなどできようもないのですが、ディタッチドハウス、セミディタッチドハウスに住む普通の市民にとって、自宅の庭をきちんと手入れをしてそれなりに飾ることはあたり前の行為ですし、むしろ嬉々として楽しんでいる様子をよく目にしたものです。

　庭造りや草花の育て方については、ガーデンショップへ行けば相談に乗ってくれるので、思いがけないヒントを得ることも可能です。土いじりや草木の手入れや花の栽培に老若男女が取り組んでいる姿は、心安らぐものがあります。

　ミルトン・マルソーの村でもそれぞれのディタッチドハウスの前に芝生、バラ、ラベンダー、水仙、さまざまなハーブなど、色とりどりの草花を植えて手入れをきちんとして美しい姿をいつも保つようにしている家がほとんどです。

　ヒトの目につくところは全体の景観に調和するように気を使って自分の庭も一つの絵になるように努めている心遣いが伝わってきます。こういう人たちの日常の小さな取り組みで、村の美しい姿は守り続けられているのです。英国人にとって、田園地帯の田舎で自然豊かな景観を楽しむこと、マナーハウスやパレスを訪ねて庭を楽しむことなどは、自宅の庭いじりの参考になっているに違いないのです。

骨董品は英国人も好きな人が多いことは間違いありません。どこの村を訪ねてもだいたい1軒くらいは骨董品屋があり、ショーウィンドウに飾った小物などにつられて冷やかし半分で店の中に入ってぶらぶらしているうちに思いがけず自分にとっては大切にしたい掘り出し物に出合うことがあります。

　ブレナム・パレスに隣接するウッドストック（Woodstock）の町にある骨董品屋は、上質の面白いものに出くわすようないい雰囲気に満ちています。値の張るものには手が出ませんが、私はこのウッドストックの骨董品屋でワインボトルを食卓に置くときに使うシルバープレートされた19世紀のワインボトルコースターを購入して現在も愛用しています。

　骨董市のようなイベントも規模の大小はあるものの、あちこちで頻繁に開催されています。どこの村の骨董品イベントのことだったか忘れましたが、私はシューティング・シート・スティック（Shooting Seat Stick）を買うことができました。これは田園地帯を散歩するときに杖代わりになります。持ち手の部分は革を巻いた鋳鉄でできており、これを開くとちょっとした腰掛けになります。硬い木を使ったスティックの先端は10センチほどのとがった鋳鉄で、地面に突き刺す際に付属の丸い鉄金具をはめることで安定して座れる腰掛け棒になるというものです。1920年代の米国製という説明がつい

ていました。これが英国のような草地の多い場所では役に立つのです。草地のラグビー練習を見に行く際にはいつもお供をさせて地面に突き刺して腰掛けとして使っていました。

　本格的な値の張る骨董品を手に入れるのに良い場所といえば、ロンドンのハロッズ（Harrods）もその一つでしょう。家具の展示場所にマナーハウスで目にしたような大型の書斎机が置いてありました。骨董品でしたが、素晴らしい上質で品格のある書斎机でした。数百万円の値段がついていたので、とても買える品物ではなかったため、どうせ置き場所もないから仕方ないと自分に言い聞かせて購入することをあきらめました。

9. フレグランス（Fragrance）

　かねてより聞いていた話では、昔のヨーロッパの人々は、毎日入浴する習慣がなかったため、体臭を紛らわすためと香りを楽しむために香水を使うことを常としていたとのこと。現在の温泉好きで毎日入浴が普通の日本人の感覚ではちょっと眉をひそめるような話です。

　もっとも、今では英国人も毎日入浴する人もいますが、どうも風呂、特にバスタブの作りが我々になじみのあるゆったりした深い浴槽ではなく、体を伸ばして入るサイズには少し小さいものの、体も頭も同じバスタブの中で洗ってしまって

から最後にシャワーで泡を流してからバスタブを出るという入浴スタイルがいまだに存在しているようです。

　シャワーを使う際にも、バシャバシャと体に湯をかけまくるのではなく、外に湯を飛ばさないように少し低い水圧でシャナリ、シャナリと品よく使うものだと日産の先輩社員から教えられたことがあります。そうしてバスタブから出て、あらためてバスタブを見てみると、特に小さい子どもたちと一緒に入り終えた後などは、まるで里芋を洗い終えた後の桶の様子を思い出して幻滅するような気持ちになるのは私だけでしょうか。

　確かにこのような状態になった浴槽に別の人が続いて入るわけはないので、一人が使い終えるたびに湯を流し捨てて、新たに湯を入れて次の人が入るという具合になります。こうして1回ごとにバスタブに入れて楽しむのがバスボールやバスソープといった入浴芳香材や石鹸です。

　日本ではゆっくり湯に浸かる前提での製品が多いため、温泉地のイメージとあまり関係ないような色合いや香りで適当にやっている感があるのに対して、バスタブ内で香りを楽しんで入浴後も余韻に浸るという意味では英国のほうが一歩先んじているように感じます。

　バスタブに限らず、寝具にラベンダーの香り袋を入れたりするようなラベンダーの栽培を手広く行っているノーフォーク・ラベンダーをすでに紹介しましたが、ハーブや花からエ

ッセンシャルオイルを抽出して香水や芳香剤にして楽しむことは英国でも広く人気があります。香水に関しては、英国でも古くから数々の香水ブティックが登場して、人々はそれぞれお気に入りの香りを身にまとうことが普通に広まっています。少なくとも日本で香水を楽しむ人よりは英国人のほうがよほど楽しみ方については多様な気がします。

　そんな中で、私が英国で初めて知り、今日まで愛用している香りがペンハリガン（PENHARIGON'S）のブレナム・ブーケ（Blenheim Bouquet）です。ペンハリガンの歴史は、ウィリアム・ヘンリー・ペンハリガン（William Henry Penharigon）が1870年に創業したロンドンの理容店から始まります。彼は1872年に香水を上市し、1902年に息子のウォルター・ペンハリガン（Walter Penharigon）が第9代マールボロ公爵（The 9th Duke of Marlborough）の求めに応じて開発販売したオーデコロンがブレナム・ブーケです。ブレナム・パレスを思い出しながら楽しむ、爽やかで上品な香りが秀逸なのです。

第4章

英国生活体験は、何をもたらしたか？

英国での生活を振り返ってみると、その後の私の考え方と行動様式に確実に影響を与えたといえます。これは私個人の事例に基づくとはいえ、変化を求めている人々に提供できる普遍的な話題になり得るのではないかと思いますので、英国生活体験が私の考え方と行動様式に与えた影響について以下に紹介いたします。

1.「きちんとシャンと生きる」

　英国にも当然ながら善人も悪人もいるはずですが、幸いなことに私は悪人に遭遇することはなく、もっぱら善人の英国人を見てきた経験から語っているのでこれが全体像であるはずもないことは承知の上ですが、ミルトン・マルソーのような地方の小さな村で生活をしていて感じるのは、「きちんとシャンと生きている人が多い」ことです。そして、「きちんとシャンしている生き方は素晴らしい」と感じ、自分も真似してみようと考えるようになったのです。それほど大げさに構えるような話ではなく、ちょっとした心遣いで実現可能なことです。すなわち、「身の回りをきちんとする、地味な恰好をしない、しょぼくれていない」ことです。

ミルトン・マルソーの事例で言えば、住居に関しては、自宅およびその周辺の手入れをそれぞれがしっかりやることで、庭草が伸び放題になっていたり、木々の枝が剪定もせずにほったらかしになっていたりすることがないようにしています。草花や芝の手入れは家人が隅々まで気を配っていることがよくわかります。ちゃんと手入れをしていない場合には近所からやんわり注意されることもありますが、基本的にはそれぞれ自分で楽しんできれいな環境を作ることを自主的に意識的に行っているように思えるのです。

　服装に関しては、誰もが必ずしも豊かで老後も安泰な人たちの集団というわけでもないはずなのに、きちんと身づくろいをしています。高価なブランド物や高級素材の服をいつも身に着けているという意味ではありません。地味な色合いの服を着ていることもなく、それぞれの好みに合う風合いの色とりどりの恰好をして楽しんでいることが多く、はたから見ていても年齢を感じさせない生気がある人が多いように感じます。

　加齢によりしょぼくれてしまったような老人ではなく、年齢を重ねたことによる元気な渋さを発揮している人たちが多くいるのです。すなわち、ニート・アンド・タイディ（neat & tidy）という言葉に表されるように、「きちんとしている」のです。この「きちんとした」生き方がとても心地よく感じ、自分もこのように過ごしたいと心がけるようになりました。

私が感じた「きちんとした」人たちとはどんな特性のある人かといえば、次のような印象を抱かせる人たちです。すなわち、①良い意味での個人主義が徹底している、②自然を大切にし、動植物を愛でることが好き、③先祖から受け継いだ価値ある良きものを大切にしている、④人との交流によるソーシャリゼーションが巧み、⑤よりどころとするプライドと誇りがある、ということです。以下にそれぞれを具体的に述べてみます。

良い意味での個人主義の徹底

　まず気がつくのは、個人主義が徹底していることです。ここでいう個人主義とは、皆が自分勝手なことをしているというのではなく、それぞれの人が周りの目を気にせず、大勢に付和雷同することなく自分の考えに則って生活していて、自由なことです。法令に違反せず、常識的慣習から逸脱しない前提で、自分の好きなように暮らしています。

　そんなことは日本でも同じだろうと思うでしょうが、日本のような余計なおせっかいをする人がいないことがより気楽で自由を感じさせるのかもしれません。日本には、町内会の仕切り役が細かい話をしたり、どうでもいいような決め事をしたりすることがありますし、向こう三軒両隣のように江戸時代から続く、まるで相互監視を兼ねたような近所付き合いを気にしなければならないこともありますが、英国ではその

ような習慣はありません。少なくともミルトン・マルソーにはなかったのです。

　自分も自由で、他人の自由も尊重しますが、それぞれが不快にならないように身の回りをこぎれいにしておくことはあたり前のことなのだという認識があるからこそ実現できているように思えます。

自然を大切にし、動植物を愛でる

　英国の田舎に住んでいるほとんどの人たちは、自然を大切にしており、動物や植物を愛しています。自宅で庭造りにせっせと励んで美しい草花と芝にあふれた庭をさりげなく自慢しながらも、そのプロセスを楽しむ人は多いと思います。

　田舎に住んでいると、自宅の周囲には牧草地が広がり、そこには誰もが立ち入り可能で散歩できるパブリック・フット・パス（Public Foot Path）があるので、犬を連れて牧草地の中を長い距離であっても散歩をすることが普通にできます。モグラ、リス、ウサギなどには頻繁に出会います。

　公開されているお気に入りのマナーハウスや公園でゆったり過ごしたり、ガーデンセンターを訪ね歩いて庭造りの参考になる植物を見つけたりすることは日常よくある風景です。

　まとまった休みが取れたときには、湖水地方のビアトリクス・ポーターやワーズワースゆかりの地を何度も訪ね、南西部のコーンウォール（Cornwall）のリアス式海岸や海水浴に適

した浜辺で遊び、ハイキングを楽しむことを年中行事にしている人もいます。自然の中に溶け込むような楽しみ方をしているのです。そのような自然を愛し、動物や植物を愛する人が多いことが、庭や家の手入れをすることをいとわずに楽しむ生活につながっているように思うのです。

•── 先祖から受け継いだ価値ある良きものを大切にする ──•

　英国は階級社会の国といわれてきました。1960年代にビートルズの出現を契機に少なくとも意識の点においては階級格差なるものは気にせずに暮らせる状況にあると思いますが、先祖代々受け継いできた広大な土地、屋敷、文化財級の美術品や調度品などを所有し続ける富裕層は厳然として存在しています。それもかなりたくさん存在しています。

　これらの富裕層が相続税対策と資産の保全を目的としてナショナル・トラストやヒストリック・ハウスィズ・アソシエーション（Historic Houses Association）を作り出したことは素晴らしいことです。富裕層はこの仕組みに参加することで、公益を生み出して英国ならではの価値ある資産を未来に残す一方で、自らの税金負担の軽減を実現することに積極的に関わっています。

　公益として多くの人の目に触れるものである以上、その保存やメンテナンスには適切に手をかける必要があります。そのために、良きものをきちんとした状態で活かし続ける工夫

と努力をしていることが、それを主体的に行っている富裕層はもとより、その資産の価値を共有できる一般の人たちにも、ものを大切にする精神が育まれ、価値ある資産を未来に残そうとする活動が広く普及しているように思えます。

•——— 人との交流によるソーシャリゼーションが巧み ———•

　英国の小さな村では、初めて顔を合わせたときから親しく話がもりあがるようなアメリカ的な開放感あふれる気楽な人付き合いがすぐに始まるわけではありません。相手はじっとこちらを観察した上で、どうやら妙な輩ではなさそうだということをそれなりに納得してからだんだんと交わす言葉が増えていき、少し気心が知れてくるとお茶に招かれたり、より大人数が参加する簡単なパーティーに招かれたりして接触が増えていき、やがて構えることなく話ができるようになってゆきます。この段階までくると、ほとんど仲間に入れてもらった状態になったといえるでしょう。寛容ですが抜け目のないしっかりしたところを持ちながら、上手に社交的にふるまうことができる人が普通にいるのです。当然ながら、ありのままで飾ることなく話が弾むのですが、そこではきちんとした品性を保つ気配りをしているのです。

•——— よりどころとするプライドと誇りがある ———•

　英国人は、英国の歴史、王室、豊かな自然環境、科学技術、

産業と経済活動、教育、スポーツ、守り続ける文化的な価値のある遺産や伝統的行事、観光資源など、それぞれを語り始めると話題に欠くことなく議論が百出するものの、本音では心の奥底において自分の国に対するゆるぎないプライドと誇りを持っています。

　例えば、ダイアナ妃の葬儀当日に見せた英国人の行動は、ロンドンからノーサンプトンまでの沿道を見物人も含めて弔意を表す人たちでびっしり埋まるほどの規模であったのですが、とりわけダイアナ妃への共感に基づくことから生じたことだとしても、その背景には王室や英国の歴史への理解を踏まえた自分たちの持っている誇りがあってこそ、それぞれが自主的に行動を起こしたように感じるのです。

　かつては世界の海を支配し、世界の工場として産業革命の成果を享受し、海外貿易と植民地からの収奪で富を築き、優れた教育水準に磨きをかけ、発明や発見を通して人類の英知と利益の増大に貢献し、学術・建築・文芸・スポーツ・環境保全など多くの分野で先進的な実績を積み重ねてきた集積から醸し出されるオーラを受け継いで発散していることからくる静かなプライドのようなものが英国らしさ、Britishness、の根底にあるように感じます。

「きちんとしている」だけではなんともちんまりとこぎれいにまとまったような印象を抱くかもしれませんが、そのよう

ないい子ちゃんになるといいねということを述べているわけではありません。「きちんとした」は、あくまでもシャンと生きる姿が清々しいので見習いたいというものです。

　もっと重要なことは、よりダイナミックで躍動感あふれる話につながります。すなわち、「新しい変化を起こすことを躊躇せずに実行する」ことです。

2. 「新しい変化を起こすことを躊躇せずに実行する」

　好きなことをすることを仕事に限って話をすることにします。好きなこと（仕事）をすることは、他人と一緒のことをするのを良しとしない気概から出てくるもので、何か他人と違うことをすることで自分らしさを追求することにつながります。長いものに巻かれようとか、皆と同じことをしていれば安心するような易きに就くことよりは、自分の信念でやりたいことをやるほうを好む人が英国には多いのかもしれません。英国では小さくとも自分でビジネスをする起業家が普通に多いことも、この流れからくるのではないでしょうか。

　ミルトン・マルソーの隣人たちも、かつては大企業で働いた経験があるものの、早いうちに退職して自ら起業し、マイペースで小さな事業を営んでいます。

　「なぜその仕事をしているの？」という問いに対しては、「面

白いと思うから、楽しいから、好きだから」と、答えが返ってきます。本当にそうなのか？　大企業でそれなりに仕事に励むことで、深く広く経験を積んでより高いポストを目指す働き方が当時の私が日産で迷うことなく目指していた姿でしたので、ミルトン・マルソーの隣人たちや英国で出会った自分で事業をしている人々の仕事に対する価値観は、私のそれとは全く違っていました。

彼らはもっと自分中心の、自由で幸せを感じる仕事を自ら創造することこそが大事で、そこに強い興味をもって突き詰めていく価値があると思っているように感じたのです。

当時の私にしてみれば、そういう違いはわかったものの、安定して収入があるサラリーマンの身分を捨てて事業を興すことは先の見えない不安でいっぱいだし、事業ネタもないし、人脈も足りないし、まだ無理だろうなという言い訳を自分に言い聞かせていたように思います。リスクを取ってでもやりたいと思える仕事を自分で作る自由と楽しさをまだ本当にわかってはいなかったのです。

一方で、私の友人・知人となった英国人たちは、"鶏口牛後"で働くことをいとわずにやれるようになったタイミングが来たとき、あるいはその気になったときに迷わず自分でやりたい仕事を創ることにチャレンジする前向きな精神とガッツにあふれていたのです。すなわち、「新しい変化を起こすことを躊躇せずに実行する」人たちが英国のこの小さな村にもい

たことを私は知ったのです。

　英国生活が私に与えた一番貴重な影響は、まさにこのことだったと思います。すぐに自分もそうなりたいと当時思ったわけではありませんが、自分中心の自由な働き方という選択もいいものだなということはその時以来ずっと心に残っていました。

　当時は転職したり自ら起業したりすることが日本ではそれほど頻繁に行われていたわけではありませんでしたので、変わることへの一歩を踏み出す勇気や背中を押す力がどうすれば自分にも備わるだろうかと思いあぐねたこともありました。しかし、「好きなこと（仕事）を自由にやる」ために何をすればよいかを考えたり相談したりしているうちに、きっかけは見つけることができることをその後の体験から私は知ることになるのです。

　後日、転職や起業の機会が到来したときに頭にふと浮かんだ映像は、英国の豊かな自然と、気力と活力にあふれて自由に自分で未来を創ることを楽しんでいる英国人たちの顔だったのです。

3.「好きなこと（仕事）を自由にやる」力をつけるためには？

どうすれば「好きなこと（仕事）を自由にやる」力をつけ

ることができるのでしょうか？　そもそも好きなこと（仕事）は何なのかは十人十色なので、適切な回答は人それぞれに違うことは明らかです。本当に自分はその仕事を楽しいと思えることが大前提です。その仕事をすることで、自分はこうありたいという将来の姿が描けていて、どうしてもそれを実現するべくチャレンジしたいという揺るがない決心が必要です。

　当たって砕けろ！　とばかりに、出たとこ勝負でやみくもにチャレンジしたのではめちゃくちゃな結果に終わるのは明らかなので、勝手に思うままにどんどんやってみろ！　という気合いだけの精神論はお勧めしません。

「自由にやる」については、自分で好きなようにやればよいということですからあれこれ言うまでもないのですが、「自由にやる」ことをバックアップする技術について、英国ならではの二人の人物像からヒントを見いだせるのではないかと思いますので、以下に紹介します。

　この二人はフィクション上の人物です。一人はアーサー・コナン・ドイル（Arthur Conan Doyle）の創作したシャーロック・ホームズ（Sherlock Holmes）、もう一人はイアン・フレミング（Ian Fleming）が生み出したジェームズ・ボンド（James Bond）です。どちらのキャラクターも書籍、テレビ、映画等で世界中に知られた人物ですので、その何たるかを述べる必要はないでしょう。この二人が英国文学、文化、観光に与えた影響は甚大で、シャーロック・ホームズやジェームズ・

ボンドがきっかけで英国のイメージを漠然と心に描いている人も多いのではないでしょうか。ここでは、なぜこの二人のキャラクターが「好きなこと（仕事）を自由にやる」行動を支える要素を持っているといえるのか、私見を展開したいと思います。

•── シャーロック・ホームズの特徴における注目すべき点 ──•

シャーロック・ホームズは、捜査コンサルティングサービスを提供しています。その手法の中で注目すべき点として、（イ）科学的で論理的な推理を展開すること、（ロ）現地・現物を見て鋭い観察をすること、（ハ）推理を展開する過程で仮説を立てて検証すること、（ニ）限られた情報から想像をたくましくすること、の4点を挙げたいと思います。なぜならば、これら4点は、仕事を確実に完遂させる上で役に立つと私は考えているからです。

これらの要素は、例えば『バスカーヴィル家の犬（The Hound of the Baskervilles）』の物語から読み取ることができると思います。すなわち、この物語の前半で本事件に直接関与できないホームズは、同僚のワトソンに調べるべき点について手紙で指示をします。事件の解決に向けてホームズは論理的思考を展開しており、推理をする中で仮説を立てていたことが後でわかります。ワトソンは、ホームズの指示に基づいて物事を丹念に観察することが重要であることを認識します。

ワトソン自身もホームズの手法を真似て限られた情報から仮説を立て、これを検証し事件を解決しようとします。物語の最後にはホームズも登場してワトソンの貢献を褒める大団円となります。

フィクションとはいえ、物語の中で展開されていくホームズとワトソンの行動には前述の（イ）〜（ニ）の要素が含まれています。これらは「好きなこと（仕事）を自由にやる」ための力を発揮するために基本技術として持っておくべき要素といえると思います。

なぜならば、（イ）科学的で論理的な推理（仕事の実務では推理というよりは議論や考え方というべきでしょうが）は、一人で完結する仕事であっても、チームで組織的に行う仕事の場合でも必要な内容です。科学的で論理的な話ができなければ、独善的で支離滅裂な話に発展するリスクが生まれて、良い仕事の成果につながらない可能性が高まります。

（ロ）現地・現物の確認は、「トヨタ生産方式」の名のもとに製造業の基本動作の一つとされています。現地で現物をしっかり観察して確認する手間をかけることをしないで勝手な思い込みや想像で話を作るようでは失敗必至です。

（ハ）仮説立案と検証は、「なぜ？」の問いを掲げて、それに対する仮説をいくつか設定し、それを検証して仮説が正しいのか間違っているのか、その理由は「なぜ？」なのかをはっきりさせていくことです。その結果として「どうするか？」

の取るべきアクションが見えてきます。このアクションも「なぜ？」妥当と思えるのか、やってみてどうだったのか、失敗したのであれば「なぜ？」なのかを、また仮説を立てて「どうするか？」を考えていくのです。これも仕事を進めていく過程で必要になる重要な取り組み方法といえます。

（ニ）情報はいつも必要十分なだけ存在するわけではありません。限られた情報から役に立ちそうな情報を拾い出し、あれこれと想像を膨らませて仮説を立てる必要があります。そういう想像をたくましくしてシナリオを描くことができるような柔らかなアタマになるように、日ごろから想像を膨らませること、考えを深めることを意識的に習慣づけることが大切です。

　このように、シャーロック・ホームズの特徴から「好きなこと（仕事）を自由にやる」力につながる要素が、科学的・論理的であること、現地・現物を確認すること、仮説立案と検証を繰り返すこと、限られた情報から想像を膨らますこと、という4点の実践的な内容を含んでいるといえるでしょう。

•──── ジェームズ・ボンドの特徴における注目すべき点 ────•

　ジェームズ・ボンドの映画は、1962年のリリース以降2021年までに25作が発表されている人気のスパイ・アクション・シリーズです。原作となったイアン・フレミングのいくつかの物語を土台にして映画のストーリーが作られている

ので、時代背景を反映して世界各地を舞台にジェームズ・ボンドが活躍する様子は起承転結が明確です。毎度おなじみの娯楽要素として、大胆な事件発生、悪者のキャラクター、カーチェイス、ボンドガールが登場して盛り上げてくれます。

ジェームズ・ボンドの特徴で注目すべき点として、次の4点を挙げたいと思います。これらの特徴は、「好きな事（仕事）を自由にやる」ことをバックアップする能力だと思います。

第1に、「全知全能全力を注いで必ず仕事を完遂する能力」です。フィクションとはいえ、ジェームズ・ボンドは最後には必ず仕事を完遂しています。仕事をやりきること、すなわち、Get Things Done といわれる状態に仕事を完了することをあたり前とする姿勢です。

第2に、「極限状態にあってもくじけない、あきらめない肉体的、精神的強靭さ」です。さまざまなストレスやプレッシャーの中で仕事をすることになったとしても、絶対にくじけない、あきらめない肉体的、精神的な強さを持ち続けることです。必ずしもマッチョな体格でいつもピリピリしている必要はありませんが、適度にオン・オフを切り替えながら自分を壊すことなくタフに仕事をする力を出せることです。

第3に、「新テクノロジーを駆使できる進化への適応力」です。ジェームズ・ボンドは、毎回新しい技術を使った小道具を供与されて使いこなしています。これは仕事への取り組み視点から見ると、どんどん進化していく技術を反映した製

品サービスや仕事環境の変化に遭遇したときに、新しい潮流を理解し、柔軟に新技術を学び取って使いこなす適応力に重なります。新たな変化にあらがうことなく適合して乗り切っていくことが成功を長続きさせる秘訣になるものと思います。

第4に、「守り続けるこだわりのモノ」です。ジェームズ・ボンドは、アストンマーティンDB5、オメガの腕時計、ジョン・ロブの靴、ウォッカ・マルティーニ、ワルサーPPK、など自分のスタイルを保ち続けるこだわりのモノを持っています。チャラチャラと時流に流されないで、確固たる自分の流儀を持っているからこそ醸し出される豊かな個性が魅力を放っているといえるでしょう。

以上、シャーロック・ホームズとジェームズ・ボンドの特徴から「好きなこと（仕事）を自由にやる」ために役立つであろうと私が考えている要素について紹介しました。

4. 英国で体得した考え方と行動様式がその後の私に与えた影響

「きちんとシャンと生きる」、「新しい変化を起こすことを躊躇せずに実行する」、「好きなこと（仕事）を自由にやる」ことについてこれまで述べてきました。では、実際に私自身にどのような変化が起きていったのかについて紹介したいと思

います。

「新しい変化を起こすことを躊躇せずに実行する」ことが英国生活での重要な学びであったことは先に述べた通りですが、その時に感じ取った意味は、「好きなこと（仕事）を自由にやる」ために新しい変化に自ら果敢にチャレンジすることが大事そうだという理解をしていました。この解釈について、もう一つの重要な理解が可能になることを帰国後の自らの業務経験から発見することになりました。

　英国駐在勤務の終了後に、私は米国勤務を命ぜられ、家族帯同でカリフォルニア州にある日産自動車の販売金融子会社に２年ほど勤務した後、2001年に東京の本社財務部に帰任しました。まさにルノーとのアライアンスに基づいて会社単体のみならずグループ会社や取引先にも影響を与える規模で企業再建が推進されている最中でした。

　危機に瀕した会社を立て直す大変革時代の勤務を通して企業経営の一つの真髄を理解することができました。それは、優れた企業経営者たるものは、「新しい変化を起こすことを躊躇せずに実行する」ことを他の誰よりも強く求められるということと、同時に社員自身も他人事ではなく自分事として、「新しい変化を起こすことを躊躇せずに実行する」ようにならねばならないということです。

　企業経営の非常事態に直面したとき、経営者も社員も逃げることなく真正面から聖域なき改革に躊躇なく取り組み、解

決策を実行して成果を挙げなければなりません。そんなことはあたり前だと思うでしょう。しかし、企業経営に問題が生じた会社は、その原因はさまざまかつ多様であったとしても、事業推進や業務執行に注目すると、個人のレベル、組織のレベル、会社全体のレベルのそれぞれにおいて、目標設定のあり方、目標達成に向けた取り組み、行動の振り返りと反省、新たな行動変革とそのフォローアップ、軌道修正しつつも成果を挙げ続ける、という一連のきちんとやるべき仕事のどこかに障害が起きている場合が多いのではないでしょうか。

なんとなく染みついた無責任体質、他人事のような仕事への取り組み、世間や競合他社とかけ離れた社内常識、振り返りや反省をしない、始末をつけずにやり散らかした中途半端な仕事、目標達成にこだわる行動力の欠如などの症状が見られる場合は機能不全と診断できるでしょう。

企業に蔓延する悪しきカルチャーを破壊して迅速に企業を再生させるときにこそ、企業経営者は、「新しい変化を起こすことを躊躇せずに実行する」ことをやらねばなりません。同時に、企業経営者は全社員にもその意義を理解させて行動を変えることを徹底しなければならないということです。

企業が危機を乗り越えたときにも油断は禁物です。悪しきカルチャーが復活しないように、「新しい変化を起こすことを躊躇せずに実行する」行動力のある活きの良い人材を増やして、彼らが進化し続けることを普通にやり続けられる会社

にすることが大事だと理解したのです。この気づきと考えが、のちに私が起業する事業への伏線となったのですが、その前に一つの大きな決断をすることになりました。初めての転職です。

　企業再建に関わる業務を通しての学びは豊富でしたが、迷いも出てきました。この新しい外資の大株主の下で働き続けることが満足できる仕事といえるのだろうか？　このままでいいのか？　やり残したことはないのか？　やっておけばよかったと後から後悔する羽目にならないか？　などのモヤモヤした思いに包まれていた時に、ヤフー株式会社からオファーをいただきました。20世紀の基幹産業である自動車産業から、21世紀の新産業になるに違いないと睨んだインターネット産業に飛び込むことは、不安よりも新しい世界に入るワクワク感が勝っていました。転職を逡巡しなかったわけではありませんが、決断の時にふと頭をよぎったのはミルトン・マルソー村や英国の知人、友人たちの生き様だったことを覚えています。

　ヤフーの急速な成長時期の仕事をした体験は、さらに自分自身の変革に弾みをつけてくれました。スピード、朝令暮改、新しいサービスのリリース、新規事業創造、新しいやり方の工夫、仕事の仕組みとルール作り、事故発生と再発防止、毎

日のように実施する採用面接、毎月増える社員、全社員参加の月次報告、風通しの良い闊達なコミュニケーション、引っ越しと新オフィス構築などが日常の姿として右肩上がりの成長をし続けた時代です。この経験から私は、インターネットを利用して新しいサービスや仕事を作り出すことをより身近で気軽に感じるようになっていきました。「好きなこと（仕事）を自由にやる」ことへ心の準備ができていったように思います。

　その後、ヤフーの子会社の再建に関わったことや、プライベート・エクイティ・ファンドが投資した企業の経営に参画した経験を踏まえて独り立ちすることへの自信を深めたこともあり、いよいよ機会が到来したと見て取るや、「新しい変化を起こすことを躊躇せずに実行する」べく、仲間を集めて起業する決心ができたのです。

　企業の成長とそこで働く人材の成長を両立させることを支援するタレント・マネジメント・システムをインターネットで展開するサービスを始めようとしたのが私の最初の起業経験です。

　投資家に見せるためのデモンストレーション用のアルファ版モデルを完成させ、複数企業でお試し利用をしてもらって感想をいただき、資金調達のためにベンチャー・キャピタル等に売り込みました。しかし、契約締結まで漕ぎつけること

はできませんでした。タレント・マネジメント・システムというサービスの括りの中で捉えると、競争過多なレッドオーシャンになりつつあったことが資金の出し手からすれば懸念点だったようです。資金が尽きる前に、事業の清算を決心し、株主各位に出資額のいくらかを返金して会社をたたむことにしました。残念ながら最初の起業は失敗に終わりました。

このまま終わってたまるかと模索を始めてまもなく、新たに経営コンサルティングと新規事業創造を目的とする新会社を仲間と立ち上げました。コンサルティング事業では複数案件を成功裡に完成させることができ、新たにグローバル市場をターゲットにした事業創造の機会が生まれたことから、今後の展開に期待を膨らませているところです。

このように、ようやく「好きなこと（仕事）を自由にやる」ことを楽しみながら実践できるようになってきたと思っています。なかなか思うようにはいかないことのほうが多くてなんともカッコ悪いままですが、世間体を気にせず、へこたれることなく挑戦し続けることが面白いのです。迷ったときには、心静かに目を閉じて深呼吸をすると、美しい英国の風景とともに、昂然と胸を張って元気に明るく生きている英国の友人・知人たちの顔が思い出され、「次は何をやるのか？（What's Next?）」と催促されるのです。

おわりに

　私の英国での体験を振り返ってみると、無意識のうちに旅行者ではなく生活者としての目線を持って行動してきたように思えます。

　英国生活を始める前に出張で英国を訪れていた時は、まだ生活者の目線を持たずに興味本位で探り回っていました。観光地を訪ねた時でも、出張の合間の旅行者として見るべきポイントをさらっと押さえて移動していました。

　一方、駐在員として暮らし始めてからは、生活者としての覚悟が自然と生まれていたに違いないと思います。英国の他の場所を訪ねた時にもそこで暮らしている人たちの喜怒哀楽を思い浮かべて、自分の現在の生活環境と比較してどう思うかをよりリアルに感じ取っていました。生活者目線を持つことで新たに目にするモノの意味を理解する深さが増していったと思います。このことが現地の人たちとの馴染みを深め、感じ学び取れることが増し、友人・知人が増え、その結果として快適な暮らしをすることができるようになったと理解しています。

　予備知識は収集して渡航できる英国ですが、異国であるこ

とに変わりはなく、その環境下で直面する仕事、家庭、学校、地域のさまざまな課題や問題から生活者は逃げようがありません。そんな困りごとが発生したときにはどうするとよいでしょうか？

英国での経験からお話しできることは、トラブルや悩みは発生してあたり前と割り切って正面から向き合い、その根本原因を探り当てて紐解き、着実に解決していくべしというあたり前の内容です。その際、①何事も前向きに考えて行動する、②何とかなるさと明るく笑顔でいる、③自分勝手な独りよがりの思い込みに縛られることなく可能な範囲で他人の意見を参考にする、ということを基本にすると良いと思います。

なんだ、英国も日本も同じじゃないかと思うでしょうが、その通り。ヒトの生活するところで起こる課題解決へのアプローチは洋の東西を問わず同じなのです。これも経験者が実体験から語ることのできるポイントです。

英国での生活がその後の私の生き方に大きな影響を与えたことは第4章に記載した通りです。それではこれから私は何を目指していくでしょうか？

「きちんとシャンと生きる」ように、不断の心がけをしていくことでしょう。

「新しい変化を起こすことを躊躇せずに実行する」ことは、勘所を体得したので、変化点となるタイミングが登場するたびに迷わずに決断していくでしょう。

「好きなこと（仕事）を自由にやる」ことは、今後も私が面白いと思うやり方で自由に新しいチャレンジをするでしょう。きっと楽しいやりがいを生み出すに違いありません。

　こうした可能性を開いたのは、英国での生活経験や英国人との交流を通して学んだおかげだと感じています。まさに「麗しき英国生活」からの恵みの賜物だと感謝しています。

おわり

参考文献

- AA BIG ROAD ATLAS BRITAIN 1996 (Automobile Association 1995)
- Milton Malsor, History Revisited (Alan Digby, 468 of 500 First Edition, 2003)
- Althorp (Designed and Produced by A.H.JOLLY(EDITORIAL)LTD, Printed by CLIFFORD PRESS, ISBN 0 948308 141)
- Claydon House (The National Trust, Revised 1995, Printed in England by BAS Printers Limited)
- Waddesdon Manor Guide (Waddesdon Manor 1996, Designed and Produced by Andrew Esson, Designers and Partners, Oxford)
- Woburn Abbey (Woburn Abbey and Jarrold Publishing 1995, Printed in Great Britan 9/95)
- Sulgrave Manor, Northamptonshire, Home of George Washington's ancestors (Sulgrave Manor, English Life Publications 1992)
- Cannons Ashby (The National Trust, Reprinted 1996, Printed in England by BAS Printers Limited)
- Blenheim Palace, Pictures to Keep (Blenheim Palace 1992, Chris Andrews, Oxford, Printed in England)
- The Battle of Bosworth Field (D.T. Williams, Bosworth Publications 1996, Printed in Great Britain by Lithgo Press Ltd. ISBN 0 8502 23954)
- The Wars of the Roses (Ann Lockhart, Pitkin Guides Ltd 1996, Printed in Great Britain, ISBN 0 85372 779 1)
- Imperial War Museum Duxford (The Imperial War Museum 1995, Printed in England by George Over Limited, ISBN 0-901627-95-X)
- An introduction to Kedleston Hall, Derbyshire (The National Trust, Reprinted 1995, Printed in England by Stephen Austin and Sons Ltd.)
- Norfolk Lavender, England's Lavender Farm (Norfolk Lavender Ltd 1990, Printed in Great Britain 3/95)
- Sandringham (The Sandringham Estate Office 1996, Designed and published

by English Life Publications Ltd, Printed in Great Britain, ISBN 0 85101 312 0)

- Dover Castle (English Heritage, London, Second Edition 1994, Printed in England by Westerham Press, ISBN 185074 187 5)

- William the Conqueror and the Battle of Hastings (Michael St John Parker, Pitkin Pictorials 1996, Printed in Great Britain ISBN 0 85372 744 9)

- Osborne House (English Heritage, Reprinted 1996, Printed in England by Westerham Press Ltd 9/96, ISBN 1 85074 249 9)

- Hever Castle (Hever Castle Ltd.)

- Beatrix Potter and Hill Top, An illustrated souvenir (Judy Taylor, The National Trust, Revised 1996, Printed in the Netherlands by Lecturis bv, Eindhoven)

- Hadrian's Wall, A Souvenir Guide to the Roman Wall (David J Breeze, English Heritage, London, Third Edition 1996, ISBN 1 85074 252 9)

- Carlisle Castle (Mike McCarthy, Colin Platt, English Heritage, Reprinted 1996, Printed in England 8/96, ISBN 1 85074 402 5 FB3791)

- Powis Castle and Garden (The National Trust, Text by Stephen Lacey, Revised 1997, Printed in England by Balding+Mansell plc)

- 福田恆存著『私の英国史──空しき王冠』（中央公論社　1980年）

- 久米邦武編『米欧回覧実記（二）』P69（岩波文庫 1993年10月第11刷）

- 『Report 大磯町郷土資料館だより　2009・1・30』「大磯とブライトン第1章〈海水浴〉概念の変革」、「大磯とブライトン第2章日本における海水浴成立の布石」

- MRP Rally Library 2 Vauxhall Chevette (Graham Robson, Motor Racing Publications Ltd 1984, Printed in Great Britain by Netherwood, Dalton & Co. Ltd ISBN 0 900549 89 0)

- 日比野　弘著『早稲田ラグビー史の研究 全記録の復元と考察』（早稲田大学出版部 1997年）

183

〈著者紹介〉

大塚博康（おおつか ひろやす）

1958 年（昭和 33 年）静岡県に生まれる。

早稲田大学第一文学部社会学専攻卒業、

Harvard University Graduate School of Business Administration 卒業 (MBA)、

一橋大学大学院国際企業戦略研究科博士後期課程満期退学。

日産自動車株式会社、ヤフー株式会社を経てエクイティ・ファンドの出資先企業における経営再建に従事した後、自ら創業。アルティマイノベーション株式会社代表取締役。

麗しき英国生活の恵み

2025 年 4 月 18 日　第 1 刷発行

著　者　　大塚博康
発行人　　久保田貴幸

発行元　　　株式会社 幻冬舎メディアコンサルティング
　　　　　　〒151-0051　東京都渋谷区千駄ヶ谷4-9-7
　　　　　　電話　03-5411-6440（編集）

発売元　　　株式会社 幻冬舎
　　　　　　〒151-0051　東京都渋谷区千駄ヶ谷4-9-7
　　　　　　電話　03-5411-6222（営業）

印刷・製本　中央精版印刷株式会社
装　丁　　　弓田和則

検印廃止

©HIROYASU OTSUKA, GENTOSHA MEDIA CONSULTING 2025
Printed in Japan
ISBN 978-4-344-69247-3 C0095
幻冬舎メディアコンサルティングＨＰ
https://www.gentosha-mc.com/

※落丁本、乱丁本は購入書店を明記のうえ、小社宛にお送りください。
送料小社負担にてお取替えいたします。
※本書の一部あるいは全部を、著作者の承諾を得ずに無断で複写・複製することは
禁じられています。
定価はカバーに表示してあります。